Carl Lang

111 Orte auf Lanzarote, die man gesehen haben muss

111

emons:

Bibliographische Informationen der Deutschen Nationalbibliothek
Die Deutsche Nationalbibliothek verzeichnet diese Publikation in der Deutschen Nationalbibliografie; detaillierte bibliografische Daten sind im Internet über http://dnb.d-nb.e abrufbar.

MIX
Papier aus verantwortungsvollen Quellen
FSC® C083411

Layout: Eva Kraskes, nach einem Konzept von Lübbeke | Naumann | Thoben
Kartografie: altancicek.design, www.altancicek.de
Kartenbasisinformationen aus Openstreetmap,
© OpenStreetMap-Mitwirkende, ODbL
Druck und Bindung: CPI – Clausen & Bosse, Leck
Printed in Germany 2020
ISBN 978-3-7408-0836-5
Originalausgabe

Vorwort

Als ich zum ersten Mal diese auf der Welt einzigartige Mondlandschaft betrat, wurde mir sehr schnell klar, dass es nicht bei diesem einen Besuch bleiben würde, dass ich eines Tages hier vielleicht sogar wohnen könnte. Das gleiche starke Gefühl hatten damals – lange bevor die mächtigen Touristenzentren entstanden – auch andere, unter ihnen viele Kreative. Heute leben Musiker, Schriftsteller, Künstler und Leute vom Film, etliche mit zweitem Wohnsitz, auf dieser Vulkaninsel. Sie lieben die Abgeschiedenheit und die immer seltenere Intimität. Mehr als zwei Dutzend Winzer produzieren ihre Weine aus den begehrten Vulkanreben. Der ehemalige Geheimtipp zog Jahr für Jahr auch immer mehr Ausdauersportler in seinen Bann. Heute ist Lanzarote *das* Eldorado für Triathleten und Radprofis schlechthin und beherbergt seit 1983 sogar eines der großen europäischen Sportresorts. Auch der Segelsport hat eine bemerkenswerte Entwicklung gemacht. Der dritte Yachthafen für Segelprofis wurde vor Jahren fertiggestellt. Und einmal im Jahr rollt hier sogar die höchste surfbare Welle der Kanaren an, alljährlicher Superspot der Surfelite.

Viele Besucher wandern neben oder in den Lavaflüssen, überströmen die Insel. Glücklicherweise hat man frühzeitig reagiert und eine weite Zone der Vulkanlandschaft zum Nationalpark erklärt, der nur eingeschränkt zugänglich ist – im Rahmen einer Bustour, Kamelkarawane oder Exkursion.

Aber ob zu Fuß, mit dem Mountainbike, auf dem Rücken eines Dromedars oder eines Pferdes – in diesem Buch begegnen Ihnen 111 sehenswerte Orte dieser Kanareninsel, die auch für ihr einzigartiges Licht berühmt ist. Der großartige einheimische Künstler César Manrique (1919–1992) und viele seiner Freunde haben Lanzarote mitgestaltet, sind verantwortlich für den behutsamen Umgang mit der Natur.

Viel Spaß beim Entdecken.

Carl Lang

111 Orte

1 Die Atlantis-Insel

Nur mit Erlaubnis

In Ron Howards Remake von »Moby Dick« hatte diese Insel des Chinijo-Archipels ihren ersten Hollywood-Auftritt. Vorher war sie nur Tauchern und Seglern bekannt. Viele Lanzarote-Urlauber entdecken schon während ihrer Anreise bei einem Blick aus dem Flugzeug aus etwa 3.000 Meter Höhe urplötzlich diesen lang gezogenen Vulkanfelsen mitten im Meer, umgeben von einigen anderen Lava-Brocken, und rätseln, was das denn sei.

Gut Informierte denken dann an die Atlantis-Geschichten, die regelmäßig die Runde machen. Doch nicht nur Atlantis-Fans sollten die Felsen wenigstens einmal nicht nur mit dem Segelboot umkreisen, sondern auch zum Tauchen hierherkommen (nur mit Sondergenehmigung).

Die englische »Sun« titelte im Jahr 2000: »Google Earth ortete den versunkenen Atlantis-Archipel in etwa 5.000 Meter Tiefe zwischen Madeira und den Kanaren.« Vollkommen abwegig sind die Spekulationen nicht, eine Tsunamiwelle könnte hier einst eine Insel vernichtet haben. Von solchen Riesenwellen hört man seit Christi Geburt. Nach aktuellem Verschwörungstheoretiker-Stand aber liegt Atlantis südlich von Cádiz in der flachen Doñana-Region. Also sehr weit nördlich von Alegranza.

Die aktuell größte und sogar surfbare Welle der Neuzeit (bis zu circa 25 Meter) bildet sich jährlich nicht vor Hawaii, sondern im nordportugiesischen Nazaré. Die höchste Welle der Kanaren rollt vor La Santa auf Lanzarote zu – immerhin noch mit einer stolzen Höhe von bis zu sieben Metern. Und die größte jemals dokumentierte Welle (500 Meter!) entstand zu Anfang des 20. Jahrhunderts in einer Bucht im vereisten Alaska – nach einem Gletscher-Abbruch.

Die nächste gigantische Welle wird laut Frank Schätzings Bestsellerbuch in etwa 1.000 Jahren erwartet, wenn auf La Palma ein Berghang abbricht. Viele Bewohner Lanzarotes werden dann froh sein, hoch oben auf den Vulkanhängen gebaut zu haben.

Adresse Alegranza, Isla de Alegranza | **Anfahrt** Chartermöglichkeiten nach Alegranza gibt es auf der Insel La Graciosa und in Órzola (Lanzarote) unter anderem bei Líneas Romero und bei einigen Charter-Unternehmen | **Tipp** Chartern Sie sich in Órzola am Hafen ein Fischerboot und fahren Sie zum Angeln raus – natürlich mit Ihrer Lizenz zum Fischen.

2 Das Archäologische Museum

Nach Jahren eröffnet

Dass die Hauptstadt Lanzarotes jahrzehntelang kein archäologisches Museum hatte, war schon mehr als peinlich. 2019 war es dann endlich so weit, das Museo Arqueológico öffnete seine Pforten im ehemaligen Haus des Arztes Dr. Femin. In der Calle Fajardo Nummer 5 fand man die geeignete historische Bausubstanz und renovierte einige Jahre. Die Mühe hat sich gelohnt. Natürlich darf man jetzt beim Betreten noch nicht nach den neuesten Ausstellungs-Kriterien urteilen. Wann das Museum einmal perfekt durchkonzipiert und jeder Raum fertig ist, hängt sicher auch von der Nachfrage und den Besucherzahlen ab. Die teilweise interaktive Ausstellung mit 360-Grad-Bildern betrachtet man mit einer Spezialbrille. Immerhin ist jetzt ein Anfang gemacht, und man erfährt mittels guter Audiovision wieder mehr von dieser Vulkaninsel. Von der ersten Besiedlung bis zu den vielen brutalen Piratenüberfällen ab der Mitte des 14. Jahrhunderts und schließlich den letzten Raubzügen im 18. Jahrhundert. Die großen Eruptionen und Vulkanausbrüche im 17. und 18. Jahrhundert sind genauso gut erklärt wie die jahrtausendealte Fundstelle oben bei Zonzamas, über die man noch vor Jahren praktisch überhaupt nichts erfahren konnte (siehe Ort 111). Das Museum mit seinen beiden Sälen ist außerdem ideal gelegen und reiht sich bequem in einen historischen Stadtrundgang durch Arrecife mit ein. Saal A zeigt hauptsächlich die Geschichte der Insel, und Saal B verdeutlicht den Aufstieg der Hafenstadt Arrecife in den vergangenen Jahrzehnten.

Dass die ganze Idee dann überhaupt umgesetzt wurde, verdankt man eigentlich der Initiative von engagierten Kulturleuten auf der Insel und dem damaligen Rathauschef Pedro San Ginés. Wir alle wissen nur zu gut, dass eine florierende Tourismus-Insel oft andere Prioritäten setzen muss – oftmals die falschen. Umso schöner ist dieses wunderbare Museum mit vielen neuen Erkenntnissen.

Adresse Museo Arqueológico, 35500 Arrecife, Calle Fajardo 5, Tel. 901/200300 | Anfahrt mitten in der Altstadt von Arrecife, was wiederum bedeutet: sofort in der Tiefgarage parken und zur Fußgängerzone laufen | Öffnungszeiten Di–Fr 10.30–17 Uhr, Sa 10.30–14 Uhr | Tipp Das Hotel Miramar, Avda. La Marina, ist preisgünstig, nur sechs Stockwerke hoch und besitzt eine Dachterrasse mit perfektem Blick aufs Meer.

3 Die Büchergasse

Voll bis unter die Decke

Im Zeitalter der Smartphones und der allgemeinen Google-Hysterie sucht man leider oft vergeblich nach den klassischen Buchhandlungen oder ähnlichen Shops. Für jüngere Leser: Das waren einmal diese kleinen Geschäfte, in denen man in Büchern blättern und auch in Zeitungen kurz lesen konnte, ohne gleich angebrüllt zu werden, nichts anzufassen. Und die Regale waren sehr praktisch nach Themen wie Reise, Belletristik, Sachbücher und nach Ländern sortiert. Man konnte auch alles, was man suchte, noch selbst finden.

Hier, um die Ecke des keramikgefliesten Kulturamtes von Arrecife und mitten in der Altstadt gelegen, hat tatsächlich einer dieser alten Läden überlebt. Er ist vollgestopft bis zur Decke mit Neuerscheinungen, Bestsellern und Büchern zur Geschichte der Kanaren und Lanzarotes. Es ist zwar nicht die bestsortierte Buchhandlung der Insel, aber vielleicht die letzte »richtige«, und sie bietet auch deutsch- und englischsprachige Literatur an. Wer nach vergilbten Dokumentationen und Fotobüchern sucht, wird hier schnell fündig – vorausgesetzt, dass er energisch danach fragt. Man findet auch immer wieder etwas Neues zu den beiden bekanntesten Söhnen der Insel, José Saramago und César Manrique. Am besten suchen Sie auch alle Stapel akribisch nach seltenen Kunstbuch-Raritäten ab, von Picasso bis Miró und Tàpies – und nach Fotobüchern, von ersten spanischen Schwarz-Weiß-Fotografien bis zu aktuellen und preisgekrönten Kriegsreportagen. Ihre Neugier wird belohnt, und die außergewöhnlichen Cafés in den Gassen ringsherum haben anschließend alle ihre Berechtigung – mit einem Buch unterm Arm.

Dem Anschein nach besteht seit Kurzem wieder ein gesteigertes Interesse an Gedrucktem. Bleibt wirklich zu hoffen, dass dieser kleine Laden noch weiter durchhält und Sie, lieber Leser, beim Betreten dieser gerammelt vollen Räume weiteres Wissen über die Geheimnisse Lanzarotes entdecken können.

Adresse Librería El Puente, 35500 Arrecife, Calle Inspector Luis Martín 11 | Anfahrt in Arrecifes Fußgängerzone führt von der Casa Amarilla die Büchergasse Richtung Kirche San Ginés | Öffnungszeiten Mo–Fr 10–13.30 und 17–20 Uhr, Sa 10–13.30 Uhr | Tipp Direkt daneben in derselben Gasse finden Sie in der Café-Bar Strava fast immer einen Platz zum Lesen, wenn nicht, dann drei Meter gegenüber auf der Terrasse der Tapasbar.

4 Die Casa Amarilla

Das bunt geflieste Kulturhaus

An einer imposanten Stelle der Altstadt von Arrecife, gleich am Anfang der Fußgängerpromenade León y Castillo, liegt das ehemalige Stadtratsgebäude von Lanzarote, gebaut in den 20er Jahren. Erst 2002 wurde es komplett renoviert und ist seitdem eine der ersten Adressen für bedeutende Foto- und andere Ausstellungen und historische Dokumentationen. Zusätzlich ist es auch das zentrale Ticket-Center für alle wichtigeren Festivals, Musikereignisse, Symposien und sehenswerten Kultur-Veranstaltungen auf der ganzen Insel. Für viele der Events gibt es sogar Freitickets. Nur abholen muss man sie hier selbst. Dieser Shop im Erdgeschoss bietet Neugierigen und allen Erstbesuchern eine gute Basis, mit einigen aktuellen Kunstpublikationen, Manrique-Dokumenten, aber auch all jenem Kultur-Krimskrams, den man immer vergeblich in den Touristen-Ballungszentren sucht.

Im Obergeschoss residieren einige Institutionen, die Lanzarote auch kulturell kräftig am Leben erhalten. Die interessanteste Ausstellung der letzten Jahre dürfte die Fotodokumentation der 50 wichtigsten Filme, die zwischen 1956 und 2015 auf der Vulkaninsel gedreht wurden, gewesen sein. Seltene Schwarz-Weiß-Fotos von so großartigen Regisseuren wie Pedro Almodóvar, Werner Herzog oder Wolfgang Petersen und den Schauspielern Alain Delon, Dennis Quaid, Liam Neeson oder Raquel Welch wurden gezeigt.

Jeder, der sich für spanische Klassik-Bauten interessiert, sollte sich auch den Außenbereich des Gebäudes ansehen. Hier sind allein schon die drei Fassaden aus dunkelgelber Glaskeramik einen Rundgang wert. Der Glockenturm war früher das Wahrzeichen des ehemaligen Sitzes des Stadtrates von Arrecife.

Heute ist das Gebäude denkmalgeschütztes Kulturgut. Und rundherum pulsiert das wahre Leben. Chapeau! Man hat doch einiges vom alten Meister César Manrique und dessen nachhaltigen Ideen dazugelernt.

Adresse Casa Amarilla, 35500 Arrecife, Calle León y Castillo 6, Tel. 928/859782 | Anfahrt die León y Castillo führt von der Uferpromenade in der Nähe des Gran Hotels mitten ins Herz der Altstadt von Arrecife – Parken im Hochhaus nicht vergessen | Öffnungszeiten Mo–Fr 10–20 Uhr, Sa 10–14 Uhr | Tipp Die Fußgängerpromenade León y Castillo. Schlendern Sie hier die etwa 300 Meter lange Zone entlang, vergleichen Sie die Preise und trinken Sie genau Ihren Café con leche, wo es einigermaßen ruhig ist, wenige Meter neben der Casa Amarilla in der Cafeteria San Francisco.

5 Das Castillo de San Gabriel

Zurück zur Eroberung

Dieser alte, gepflasterte Weg mitten in Arrecife, wenige Meter vor der schützenden Stadtfestung, ist eigentlich schon unser Ziel. Denn vor dem Besucher protzt jetzt die größte jemals eroberte Burg des 16. Jahrhunderts auf Lanzarote. Und hinter einem liegt das, was unfähige Stadtplaner und Verkehrsstrategen im 21. Jahrhundert daraus gemacht und gebaut haben. Man muss es mal so deutlich sagen: Dies gehört bestimmt zu den ärgerlichsten Stadtplanungs-Verschlimmbesserungen des gesamten Archipels. Erst 2019 haben die Verantwortlichen aus einer soeben beruhigten Flaniermeile kurzerhand wiederum eine überflüssige Fahrrinne gemacht. Parken Sie deshalb sofort in der großen Tiefgarage des unübersehbaren einzigen Hochhauses der Insel. Pflicht! Sonst vergeht Ihnen noch die Vorfreude auf die Besichtigung dieser einmaligen mittelalterlichen Festung.

Sie biegen also ab, überschreiten zuerst die steinerne Fußgängerbrücke, genannt Puente de las Bolas (Kugelbrücke), und erreichen 100 Schritte danach die beiden Kanonengeschütze direkt vor dem Museumseingang. Eines dieser gewaltigen Feuerrohre holte man einst vom Famara-Bergmassiv herunter. Lange vorher ging die Verteidigungsanlage hier unten immer wieder mal in Flammen auf und wurde schließlich von Piraten völlig eingeäschert, bevor um 1590 der Italiener Leonardo Torriani dort eine richtige Burg hinmauerte.

Das vor einigen Jahren neu eingerichtete historische Stadtmuseum löste ein ehemals weniger besuchtes archäologisches Museum ab. Es zeigt mit Schautafeln, Großfotos und Displays die Stadtgeschichte und auch alte und neue Funde, wie lang vergessene Soda-Mineralien, mit denen hier einst dicke Geschäfte gemacht wurden. Steigen Sie aber auch hier unbedingt zuerst aus dem Innenbereich hoch aufs Dach und genießen Sie mal einen Rundumblick – so wie halt einst die alten Ritter und Eroberer.

Adresse Museo Historico im Castillo de San Gabriel, 35500 Arrecife, Calle Punta de la Lagarta | Anfahrt beim Gran Hotel parken und dann zu Fuß die Promenade in Richtung der unübersehbaren Brücke und Burg gehen | Öffnungszeiten Di–Fr 10–13 und 16–19 Uhr, Sa 10–13 Uhr | Tipp Werfen Sie einen Blick in den Innenhof der Casa de los Arroyo, Avenida Coll 3. Hier befindet sich einer der schönsten Patios des 18. Jahrhunderts. Ist nur werktags während der Bürostunden zu besichtigen.

6 Das Castillo de San José

Moderne Kunst und Meer

Im Volksmund nannte man damals diese von 1776 bis 1779 erbaute Festung in Arrecife auch das »Hunger-Fort«. Heute serviert man dort elegante Dinner in einem Restaurant, umgeben von Neuer Kunst und alter Tradition, mit Blick auf Hafen und die »Vier Apokalyptischen Reiter« von Jason deCaires Taylor. Wer wenig Geld dabeihat, sollte dafür wirklich einen Tag hungern.

Dieser Klassiker der Restaurant-Bauten auf den Kanaren liegt einen Stock unter meterdicken Galeriemauern für Moderne Kunst. Wieder mal ein Manrique-Meister-Umbau (1974–1976) und Synthese aus alter Bausubstanz und modernem Design. Wer lange aufs Essen warten muss, studiert einfach die Gemälde eines Oscar Domínguez, Joan Miró oder Juan Hidalgo, eines Tàpies oder Alechinsky. Zwischendurch gibt es in dieser Festungsgalerie auch mal Themen-Ausstellungen und aktuelle Pressekonferenzen.

Seit vielen Jahren ist das Restaurant der besondere Tipp für ein stilvolles Essen in besonderem Ambiente – weit weg vom Massentourismus, zur ruhigen Dämmerungszeit. Aber auch dortige Veranstaltungen sollte man zumindest einmal besucht haben. Vor dem Castillo sieht man bereits am überfüllten Parkplatz, ob drinnen gerade eine schicke Jubiläumsfeier im Restaurant oder eine dezente Vernissage irgendeiner Künstlerlegende angesagt ist: Brechend voll bedeutet Party, halb voll meistens Vernissage.

Am Haupteingang balanciert man über eine verrostete Zugbrücke und stolpert sofort ins 18. Jahrhundert. Zum ehemaligen Munitionsdepot im unteren Geschoss führt eine enge Steintreppe hinab. Wer an Atemnot leidet, kann zuerst auch einige grobe Steinstufen nach oben zum Aussichtsplateau kriechen. Hier gibt's den Rundumblick auf mögliche ankommende Schlepperbanden und inzwischen ziemlich seltene Seeräuber. Insgesamt ist es aber ein ruhiger Hafen – sieht man mal von den Kreuzfahrtschiffen ab, die jedes Jahr mehr werden.

Adresse Museo Internacional de Arte Contemporáneo – MIAC, 35500 Arrecife, Avenida de Naos, Tel. 928/807929, Restaurant Tel. 928/812321 | Anfahrt Umgehungsstraße LZ 3 von Arrecife Richtung Costa Teguise, dann den Schildern am Rondell zur LZ 18 Richtung Fährhafen folgen | Öffnungszeiten täglich 11–24 Uhr | Tipp Um die Ecke im Fährhafen Los Marmoles stehen riesige Kreuzfahrt- und Containerschiffe zum Bestaunen.

7 Der Deli-Shop

Algomás – etwas mehr

Die Landflucht auf der Insel macht sich bemerkbar. Mitte des 19. Jahrhunderts zählte Arrecife etwa 2.500 Einwohner. Heute sind es weit über 60.000. Die Stadt ist rasant gewachsen, und so reicht der frühere Kurzbesuch kaum mehr aus, um alles hier zu sehen, so wie es noch vor einigen Jahren gut möglich war.

Im Herbst 2018 eröffnete in der Fußgängerzone Arrecifes, nur wenige Meter neben der Hauptbummel-Route, der erste sehr gut sortierte Delikatessen-Shop der Insel. Bereits sein Name Algomás lässt erahnen, dass hier noch etwas anderes geboten wird als in unseren typischen Feinkostläden. Nämlich auch die fein ausgesuchte Handwerkskunst Lanzarotes. Das längere Verweilen in diesem Geschäft lohnt sich jedenfalls. Es ist leicht erreichbar und von außen sehr dezent verkleidet. Aber mit der riesigen weißen Fahne an der Eingangstür ist es dennoch kaum zu übersehen und lädt natürlich auch zum Vorkosten und Probieren ein – vor allem das edle Angebot an Getränken hat es in sich.

Kaum ein bezahlbarer spanischer Wein oder Honiglikör, der hier nicht im Angebot steht. Und wer sich partout nicht von seiner Festland-europäischen Lieblingstraube trennen kann – auch da hat man eine gute Auswahl. Der Gang in diesen Deli-Tempel erspart sicher das oft nervige und auch langwierige Suchen nach diversen Mitbringseln, seltenen Geschenken und Aufmerksamkeiten für die lieben Freunde zu Hause oder auch für den eigenen stilvollen Abend. Natürlich gibt's hier alle Varianten der berühmten Kaktus-Konfitüren aus der in diesem Buch oft erwähnten Inselfrucht, der Tuno Indio (siehe Ort 34). Daneben steht der weiße Likörsaft aus der berühmten Aloe-vera-Pflanze.

Deswegen unser Fazit: Hier ist nicht nur derjenige goldrichtig, der öfter hoch oben im Berliner KaDeWe-Palast Appetit bekommt, sondern alle Feinschmecker, die diese erkaltete Magma-Insel besuchen und ihre Leckereien testen wollen.

Adresse Algomás, 35500 Arrecife, Calle José Molina 8, Tel. 828/053207 | **Anfahrt** in der Parkgarage des Gran Hotels parken und in der Fußgängerzone Leon y Castillo bis zur Calle José Molina gehen | **Öffnungszeiten** Mo–Fr 10–21 Uhr, Sa 10–18 Uhr | **Tipp** Der Kunsthandwerkermarkt vor der Kirche San Ginés findet Mittwoch und Donnerstag von 9 bis 14 Uhr statt.

8 Der Designer-Busbahnhof

Die neue Architektur des Alejandro Muñoz

Hinter »3tudio« von Alejandro Muñoz steht ein junges Team mit Sitz in Arrecife am Charco San Ginés. Über ein Dutzend Architekten und Mitarbeiter gestalten hier endlich auch das neue, moderne Lanzarote. Entworfen und gearbeitet wird mit multidisziplinärer Ausrichtung, Schwerpunkt ist vor allem umweltbewusstes und nachhaltiges Bauen. Ihr Arbeitsspektrum umfasst Industrie- und Traditionsbauten ebenso wie den Innenausbau großer Sanierungsprojekte oder die Entwicklung touristischer Infrastrukturen. Eigentlich alles, was so in den letzten Jahrzehnten in Sachen Architektur auf der Insel versäumt wurde.

Früher und in Zeiten des großen Baubooms für Übernachtungsquartiere wurde auf der Insel hinzementiert, renoviert und immer wieder neu gestrichen. Selten machte man sich einmal Gedanken über Materialien und Nachhaltigkeit. Erst zum Ende des letzten Jahrhunderts kamen vereinzelt die ersten Jung-Architekten nach ihrem Studium in Madrid zurück. Und entdeckten dieselben Möglichkeiten vor Ort, die Jahre zuvor bereits auf den Balearen realisiert worden waren. Oft scheiterte es dann an Genehmigungen und ländlicher Bürokratie – vor allem wenn man völliges Neuland betrat und weder protegiert wurde noch Vitamin B vorweisen konnte. Viele gaben deshalb wieder auf, resignierten oder versuchten ihr Glück auf anderen Inseln. Lanzarote braucht deshalb dringend mehr gute und moderne Architektur, so wie das Auditorio von Santiago Calatrava oder das Art Center TEA von Herzog und de Meuron, beide auf Teneriffa. Zum Glück gibt es heute Denkmal- und Schutzzonen – und man ist auch endlich wieder in der richtigen Spur einer Nach-Manrique-Kunst-Ära. Dem toleranten Sohn der Insel hätten die neuen Projekte dieses jungen Büros bestimmt gefallen.

Die schönste und sicher auch bequemste Busstation der Insel bauten die Architekten weithin sichtbar am Ende der Playa Reducto, Arrecifes weißem Stadtstrand.

Adresse Intercambiador de Guaguas de Arrecife, 35500 Arrecife, Calle Manolo Millares, alejandroarquitects@gmail.com | Anfahrt Schnellstraße LZ 2 verlassen, neben dem ockerfarbenen, im Neokolonialstil gebauten Regierungsgebäude glänzt der moderne Designer-Busbahnhof (auf den Kanaren immer Guagua genannt) | Tipp Wandern Sie in diesem ruhigen und verkehrsfreien Viertel mit viel historischer Bausubstanz auch einmal zu den Boule-Bahnen und spielen eine Runde mit.

9 El Almacen

Treffpunkt der Kreativen

Schon Mitte der 70er Jahre restaurierte der Künstler Manrique inmitten der Altstadt von Arrecife für seine Freunde und die ersten Urlauber eine alte Ruine inklusive einer Zisterne. Das kleine, intime Zentrum wurde bald eröffnet und hatte einen schwierigen Start. Richtig gut lief es erst seit Anfang der 90er Jahre. Direkt schräg gegenüber in derselben engen Gasse lag einst auch das Büro der Unternehmensgruppe Manrique. Der Ort also, an dem anfangs so viele wichtige Ideen für diese Ausnahmeinsel entstanden und ausgearbeitet wurden.

Inzwischen hat man im Center zusätzlich eine Galerie und einen kleinen Arthouse-Kinosaal mit etwa 300 Plätzen eingerichtet. Man trifft sich zu Diskussionen nach oder vor seriösen Ausstellungseröffnungen. Und es werden regelmäßig internationale Filmkunst und Premieren gezeigt, von »Toni Erdmann« bis zu seltenen Wim-Wenders- und Fassbinder-Filmen. Jeden Mai startet hier auch das Lanzarote Filmfestival. Im Tiefgeschoss liegt die Kunstgalerie, nur wenige Schritte unterhalb der Bar Picasso. Das Schöne ist, dass hier einmal weit und breit niemand mit Surf- oder Wanderklamotten auftaucht.

Auch außerhalb trägt das El Almacen das Understatement-Denken Manriques weiter. Unprätentiös und ohne jede bunte Leuchtreklame und schräge Werbeschilder, genauso wie es der Meister einst für die gesamte Insel gefordert hatte. Wer den Treff nicht kennt, läuft deswegen glatt daran vorbei.

In den ersten Juliwochen baut auch das renommierte internationale Heineken Jazzfestival direkt vor dem El Almacen seine Bühne auf. Eine kleine, noch unbebaute Baulücke ermöglicht dies. Dann sitzt man nur wenige Meter vor Jazz-Legenden wie Maceo Parker, Kenny Garrett, Kyle Eastwood oder Robben Ford. Man sollte sich aber vorher trotzdem sicherheitshalber direkt auf der Homepage informieren, wann genau die Blues- und Jazzstars dort auftreten.

Adresse CIC (Centro Insular de Cultura) El Almacen, 35500 Arrecife, Calle José Betancort 33, Tel. 928/810121, Festival: www.heinekenjazz.com | Anfahrt am Gran Hotel in der Tiefgarage parken, dann am Ende vom Parque Islas Canarias die Calle Gonzáles überqueren und zwei Querstraßen weiter zum El Almacen spazieren | Öffnungszeiten Mo–Fr 10–14 Uhr, Sa 10–14 Uhr; Picasso Bar Mo–Sa 11–0 Uhr | Tipp Wer jetzt Lust auf was Süßes hat, sollte in die Heladeria Creperia Fresco d'Italia in der Calle Coronel Bens gehen.

10__Die neue Marina

Der Hauch der weiten Welt

In dieser Marina ist fast alles Hightech, inklusive der Chipkarten und Codenummern, die man braucht. Nur segeln muss man selbst noch können und auch selbst ans Ruder. Denn wer hier festgezurrt liegt, bereitet sich auf größere Trips oder gleich für eine Atlantiküberquerung vor und nicht auf den Party-Empfang beim Nachbarn. Umliegende Geschäfte, Restaurants und Cafés leiden etwas darunter, sind aber leider auch von vorgestern, falls es sie überhaupt noch gibt.

Das neu gebaute Weltumsegler-Zentrum wurde 2014 eröffnet. Es gibt einige halb leere, aber elegante Restaurants, die ums Überleben kämpfen, die angesagte, gute Mitternachts-Disco fürs Wochenende und ein immer volles, hochmodernes Fitness- und Gymnastik-Zentrum. Dabei wäre hier der ideale Platz für das größte Terrassencafé der Insel. Der neuen Architektur und Synthese zur Entwicklung eines zeitgemäßen Erholungszentrums wird sich nicht nur auf Lanzarote, sondern auf allen Kanareninseln einfach permanent verweigert. Man sucht oft lieber das Antike, die weiß-grau verputzte historische Plaza mit ihren Markt- und Trödelplätzen und dem dazugehörigen ukrainischen Fiedler davor.

Dabei ist dieser konkrete Bau als Ruhepunkt fürs Auge und nicht als bunter Jahrmarkt der Eitelkeiten geplant gewesen. Konzipiert war die Anlegestelle auch für seltene Edel-Yachten eines Bill Gates oder Abramowitsch – ist aber einige Meter zu kurz geraten, wie mir Insider verrieten. Trotzdem, wer etwas Monte-Carlo-Luft schnuppern will, ist hier goldrichtig.

Aber für die meisten Segler ist es die letzte Oase vor dem meist stürmischen Atlantik-Turn. Mit etwas Glück trifft man hier während der Wintermonate beim Training die Gewinner oder sogar das komplette Team des vergangenen World-Ocean-Rennens oder auch mal einen Goldmedaillen-Gewinner der letzten Segel-Olympiade. Außerdem wartet hier Spaniens größter 820-Tonnen-Hebekran auf Kundschaft.

Adresse Marina Puerto Naos, 35500 Arrecife, Avda. Olof Palme | Anfahrt die Uferpromenade von Arrecife mündet direkt in die Avda. Olof Palme, ebenso vom Norden, dem Castillo San José, her kommend; parken können Sie direkt vor der Marina | Tipp Das kleine Café Pasteleria Damien, mit ofenfrischer französischer Ware direkt vor den modernen Yachtstegen, ist von 8 bis 21 Uhr geöffnet.

11 Die Salzteppiche

Malen für Fronleichnam

Leider gibt's dieses traditionelle Kunsthandwerk nur in der spanischen Fronleichnams-Woche zu sehen: Aus vielen farbigen Blüten und bunt eingefärbtem Salz werden riesige Teppiche mit christlichen Motiven gelegt. Inzwischen auf allen kanarischen Inseln. Den Guinness-Rekord hält La Orotava auf Teneriffa mit 800 Quadratmetern! Aber auch die Gemälde in Arrecife können sich sehen lassen. Und die schönsten gibt es hier vor der Kirche Santa Ginés, am Kirchplatz in Teguise und neuerdings auch am Kirchplatz von Yaiza sowie in Tías zu bestaunen. 2019 färbte man 51 Tonnen Salz ein. Damals mussten zu Manriques 100. Geburtstag einige der christlichen Motive seinen modernen Entwürfen weichen. Die kreative Beschäftigungstherapie hat lange Tradition und begeistert inzwischen auch viele Vereine, vom Rotary Club bis zur Asberger-Gruppe.

Als vor Jahren einmal tonnenweise preisgünstigeres Salz vom Festland hierhergeschleppt wurde, gab's berechtigterweise Stunk. Das hat sich gelegt, und man kauft das Salz wieder von den hiesigen Salinen. Bereits einige Tage vor dem Fest kann man den Street-Artisten und ihren Teams bei der Arbeit und der Gestaltung zusehen. Bunte Salzhügel sind dann aufgeschüttet und lassen erahnen, was am Tage der Kirchenfeiern vollendet sein wird. Dann dürften Selfies und Fotos der Fußboden-Malereien auch den absoluten Rekord in den sozialen Medien stellen. Und niemand wünscht sich an diesen Tagen einen Sandsturm der nahen Saharawüste herbei …

Aber auch das restliche Jahr lohnt ein Besuch: Besichtigen Sie in der Kirche unbedingt den dreischiffigen Innenraum mit holzgeschnitzter Mudéjar-Decke und den in Kuba gefertigten spätbarocken Skulpturen, Madonna mit Kind und Bischof San Ginés. Meditieren Sie zu den Chorgesängen oder feiern Sie einfach im August vor der Kirche – dann steigt hier zu Ehren des Schutzpatrons Genesius das größte Inselfest.

Adresse Iglesia San Ginés, 35500 Arrecife, Las Palmas Square 1 | Anfahrt den Hinweisschildern ins Zentrum von Arrecife beziehungsweise Richtung Uferpromenade La Marina und Park José Ramírez Cerdá folgen; den Kirchturm von San Ginés sieht man von der Promenade aus | Tipp Am Kirchplatz findet jeden Samstag von 9.30 bis 14.30 Uhr ein Bio-Bauernmarkt statt.

12 Das Viertel der Fischer

Im Charco San Ginés

Es könnte sein, dass Teile dieses Areals bereits morgen saniert oder neu gebaut werden, denn angekündigt wurde dieses städtische Sanierungsprojekt schon lange. Es ist das Juwel der Insel-Hauptstadt und liegt sehr zentral in einer Bucht nahe am großen Wasser. Die gesamte knappe Uferlänge ist fast jeden Abend rappelvoll. Von hier aus ist es zum mondänen Yachthafen gegenüber nur ein kurzer Spaziergang. Der Rest ringsherum ist intime Dunkelheit.

Trotzdem bleibt der kleine Binnenhafen auch ein logistischer Alptraum für auswärtige Erstbesucher und ist immer noch eine Herausforderung für die seltenen intelligenten Stadtplaner. Aber der jetzige Zustand lässt bereits erkennen, was hier einmal sein, was hier einmal entstehen könnte – und was vielleicht auch niemals funktionieren wird. Aber wer die Düsseldorfer Altstadt, Münchens Schwabing und Ibizas Altstadt von früher kennt, wird sich hier sehr wohlfühlen, erst mal kräftig durchatmen und sich zuprosten. Das Viertel ist sehr authentisch, denn hier sind die Fischer und ihre Nachfolger zu Hause.

Wenn Sie am Abend nach Theater, Kino oder Meeting noch einen heben wollen, sind Sie hier gut aufgehoben. Samt Kind und Kegel ist man weit und breit einmal keiner Animation, keinem Autogeräusch und wummernden Bässen ausgeliefert. Dafür herrscht das laute Gequassel von Jung und Alt ringsherum. Da die Mini-Ausgabe von Barcelonas Rambla an der Meerwasser-Lagune im Herzen von Arrecife liegt, kann man sogar etwas Venedig schnuppern. Gut, das war jetzt ein wenig untertrieben, die Luft ist hier wirklich um einiges besser als in der italienischen Lagunenstadt – aber vor allem bedeutend billiger.

Wird diese Gegend in naher Zukunft noch ebenso charmant und intim sein? Oder stehen bald der totale Konsum und Kommerz im Vordergrund? Die gelungene Umgestaltung der breiten Las-Canteras-Hafenpromenade von Las Palmas auf der weitaus größeren Nachbarinsel Gran Canaria lässt hier alle hoffen.

Adresse 35500 Arrecife, Charco de San Ginés | **Anfahrt** am Ende der Uferpromenade, direkt hinter der Kirche von San Ginés im Zentrum | **Tipp** In der Sala de Municipal de Exposiciones, Calle Alonso Cano, direkt neben dem Cinema Center, finden regelmäßig Ausstellungen statt, unter anderem die World-Press-Photo-Präsentation.

13 Der Wolkenkratzer

Traumblick von oben

Man muss wenigstens einmal hier oben gesessen oder auch gespeist haben, im 17. Stockwerk des Gran Hotels. Einige werden sich spontan an das Roof-Restaurant im New Yorker World Trade Center erinnert fühlen. Längst traurige Geschichte. Aber hier auf Lanzarote kann man dem historischen Gefühl zumindest ein wenig nahe kommen. Am besten zum Sonnenuntergang oder an einem Wochenende. Anschließend sollte man dann mit dem Aufzug wieder zurück Richtung Pool und Fitness-Center im unteren Stockwerk fahren.

Bleiben wir aber zuerst mal hier, hoch oben über der Altstadt von Arrecife. Zur einen Seite blickt man aufs Meer, auf der anderen liegt tief unten die einladende weiße Playa del Reducto, behindertengerecht und oft Veranstaltungsort von Festivals. Gegenüber erkennt man das trubelige Einkaufsviertel und den sanierten Parque Islas Canarias.

Der Inselkünstler César Manrique war von dem frühen Hochhausbau geschockt, als er nach seinem USA-Aufenthalt auf die Insel zurückkam. Zu Recht. Der nicht nur optisch katastrophale Bauklotz stand da wie einer der billigeren Wolkenkratzer Rio de Janeiros. Die Traumbucht von heute war damals längst noch nicht in Sicht. Erst nach dem großen Brand von 1994 und der darauffolgenden Totalrenovierung mit abschließender Sanierung des hiesigen Strandabschnitts änderte sich alles. Und inzwischen würde sogar ein Manrique manches Meeting diskret im Restaurant abhalten, dessen bin ich mir ziemlich sicher.

Man bemüht sich hier oben, an diesem Ort der Eleganz, die Gäste nicht nur visuell glücklich zu machen. Es werden leichte Speisen serviert, die Karte ist der Höhe angepasst, die Weine sowieso. Und die Tapas und Desserts erinnern an beste andalusische Küche.

Der großzügige Poolbereich ist im Club oberhalb des Foyers, und fast jeden Sonnabend finden dort Lanzarotes anspruchsvollere Music-Events statt, für Freunde von Jazz und Bigband-Musik.

Adresse Gran Hotel Arrecife, 35500 Arrecife, Parque Islas Canarias s/n, Tel. 928/800 000, www.aghotelspa.com | **Anfahrt** direkt am Strand vor dem Parque Islas Canarias | **Tipp** Einen Verdauungsspaziergang können Sie direkt vor dem Hotel, am leeren Stadtstrand, dem Playa del Reducto, machen – natürlich barfuß am »Beach«, wie einst Leonardo DiCaprio.

14__Das Airport Museum

Der erste Flugverkehr

Es gibt kaum Hinweisschilder, wenig Infos und keine Wegführung. Das mal vorneweg. Wer auf Lanzarotes Airport ankommt, möchte anscheinend sofort ins Hotel oder Richtung Autovermietungen und hat absolut kein Interesse an diesem unscheinbaren, winzigen Gebäude. Verlässt man jedoch die Ankunftshalle und überwindet die Parkplätze, erreicht man das kleine Museo Aeronáutica in nur wenigen Minuten. Ein Kuriosum bleibt es trotzdem: Einer der am wenigsten besuchten Ort Lanzarotes liegt nur einige hundert Meter vom millionenfach besuchten Abflug- und Ankunftsort der Insel entfernt.

Wer das ehemalige Terminalgebäude jedoch einmal betritt, entdeckt sofort das frühe Flughafen-Wandgemälde des Belgiers Jean P. Hook von 1959. Es vermittelt einen Eindruck von der Insel in der ersten Hälfte des 20. Jahrhunderts – lange bevor die täglichen Jetriesen aus inzwischen über 50 Ländern hier landen konnten. Der historische Bau wurde erst 2006 restauriert und hätte wahrlich mehr Besucher täglich verdient.

Der Höhepunkt für alle selbst ernannten Flugverkehrs-Spezialisten, Lotsen und Piloten im Ruhestand, aber auch Flugnovizen dürfte eine uralte Wetter-, Funk- und Radiostation im ersten Stock sein, Kontrolltower würde man heute dazu sagen. Und auch wenn dieser Eindruck entsteht: Hier oben war nicht das Wohnzimmer des damaligen Flughafendirektors! Unten in der »großen« Halle wird Lanzarotes erster Passagier-Terminal aus dem Jahr 1946 bis 1970 dokumentiert. Na ja, so wie er halt damals ungefähr aussah. Unter modernen Ausstellungskriterien sollte man dieses niedliche kleine Museum erst gar nicht betrachten. Trotzdem erfährt man einiges über Lanzarote in seinen ersten Flugtagen – und das hat doch Priorität.

Ebenso sieht man eine der ersten Manrique-Auftragsarbeiten sowie ein noch intaktes Überflugfoto des deutschen Luftschiffes »Graf Zeppelin«.

Adresse Museo Aeronáutico Arrecife, 35500 Arrecife, Airport Terminal | Anfahrt direkt am Airport parken und zu Fuß zum ehemaligen alten und weithin sichtbaren Kontrolltower inklusive Museum gehen | Öffnungszeiten Mo–Sa 10–14 Uhr | Tipp Von der Flughafen-Busstation können Sie auch bequem ohne Leihauto halbstündlich den Flugplatz Richtung Norden zur Hauptstadt Arrecife verlassen.

15 Der Plane-Spotting-Platz

Flugzeuge stalken am Airport

Die Kanaren verzeichneten das schrecklichste Kapitel der zivilen Luftfahrt. Am 27. März 1977 knallten am Boden von Teneriffas Airport Los Rodeos eine KLM Boeing und eine PanAm desselben Typs aufgrund von Kommunikationsfehlern zusammen. Glücklicherweise ist seitdem aber bis heute auf den Inseln kein nennenswerter Unfall mehr passiert. Auf dem Airport Lanzarotes, modernisiert, mehrfach erweitert und saniert, landet man immer noch auf dem historischen Gelände von 1946, auf dem ab 1976 auch die ersten internationalen Flugzeuge aufsetzten – in Reichweite der Hauptstadt Arrecife.

Viele mögen diesen kleinen Airport, weil er trotz internationalem Flair seinen Charme behalten hat. Und viele Flugzeugnarren benutzen ihn auch als Spotting-Platz. Ihnen entgeht kein neues Modell am Himmel. Sie fotografieren und dokumentieren, mit Kamera und Tele. Möglich ist das an beiden Enden des Airports, am einfachsten an der Playa Matagorda. Hier führt nur wenige Meter von Start und Landung entfernt ein Jogging- und Bikepfad vorbei.

Weltweit gibt es diese eingeschworene Clique von Airport-Stalkern. Ob München-Schleißheim oder Atlanta International. Sie schrecken auch keine Warnschilder ab, die vor heißen Kerosinduschen warnen. Wichtig sind nur viele neue Schnappschüsse von Privatjets – vielleicht von russischen Oligarchen, arabischen Ölscheichs oder auch von Filmstars wie Brad Pitt. Der professionelle Stalker weiß mittlerweile dank des weltweiten Netzes ziemlich genau, wann Hollywood-Größen mit der russischen Antonov zum Filmset geflogen werden. Und wann Politiker zu Meetings anreisen, wann Popstars zum Festival einfliegen. Es gibt inzwischen nur noch wenige Airports, an die man so nah herankommt. Hier am Rande des Flughafens von Lanzarote, der sich seit März 2019 Airport César Manrique nennen darf, ist fotografieren, bewundern und staunen auch für den ganz normalen Urlauber möglich.

Adresse Aeropuerto de Lanzarote, 35500 Arrecife, Apartado de Correos 86, Tel. 902/404704, www.aena-aeropuertos.es | **Anfahrt** die Playa de Matagorda liegt nordöstlich von Puerto de la Carmen, die LZ 506 führt von der Urbanización Los Pocillos direkt zum südlichen Start- und Landepunkt | **Tipp** Für flexible Reisende: Wenn Sie einmal Ihren Flieger ab Lanzarote verpassen, fahren Sie einfach mit der Fähre die 35 Minuten nach Fuerteventura und statten der Nachbarinsel einen Besuch ab. Der Busverkehr ab Airport zur Fähre ist halbstündlich.

16_Das Eco-Village

Alternativer Rückzugsort

»Lanzarote Retreats – zurückgezogen« nennt sich der Prospekt. Keine spektakulären Hinweisschilder führen zu dieser seltenen Wohn-Alternative. Nur die unscheinbare Einfahrt, und spätestens dort weiß man, wo hier der Schwerpunkt liegt: Stopp für Benziner und Dieselfahrzeuge, Elektro und Hybrid dürfen noch etwas ranfahren. Wer einmal am Pool relaxed hat und eingeräuchert wurde, weiß dies zu schätzen. In diesem Eco-Domizil muss man zu Fuß gehen, ohne Dreirad, Skater oder Roller. Man erreicht auch so sein Wohnrevier inklusive Rundzelt. Die Auswahl reicht von luxuriöser Villa bis zum mongolischen Jurtenpalast – alle im indonesischen oder marokkanischen Design. Nach wenigen Minuten wusste ich, dem Ort hier würde ich ein Kapitel widmen. Auch wenn man sich beim Betreten wie ein Statist aus »Herr der Ringe« fühlt.

Im Sommer 2007 hat ein englisches Ehepaar die Idee mit den Jurten und Cottages realisiert und es bis heute bestimmt nicht bereut. Wer jetzt die frühen Zeltdörfer und Kommunen auf den Kanaren assoziiert, und die vielen negativen Schlagzeilen, liegt völlig daneben. Auf dieser Eco-Finca klappt das gesunde Wohnen einschließlich optimaler Farm-Verpflegung.

Wohnen wird sich zukünftig sehr verändern, das wird beim Rundgang durch die Anlage klar. Nachhaltig und ökologisch und auf einem Bruchteil der früheren Wohnfläche wird man leben – zumindest kann man es im Urlaub hier probieren. Außerdem gut zu wissen: Jurten gehören zu den erdbeben- und sturmsichersten Bauten. Das ist vor allem auf einer Inselkette, die öfter von seismografischen Bewegungen daran erinnert wird, dass es vor langer Zeit stärker gerumst hat, ein echtes Plus. Rundbauten sind die ältesten Bauten unserer Wohnkultur. Ist Lanzarote Retreats also wirklich Vorreiter für zukünftiges Wohnen? Zumindest in einigen nahen Urlaubsregionen ist dies realistisch geworden, nicht nur in Lappland und Alaska.

Adresse Finca de Arrieta – Lanzarote Retreats, 35522 Arrieta, Calle Diseminado Tabayesco 34A, Tel. 928/826720, www.lanzaroteretreats.com | Anfahrt kurz vor Arrieta an der LZ1 abbiegen, dann Richtung Tabayesco fahren, rechts liegt das unübersehbare Zeltdorf | Tipp Im Restaurant El Amanecer in Arrieta, Calle la Garita, gibt es fangfrischen Fisch von der nahe gelegenen Küste.

17 Der Tempel am Meer

Geheimnisvolle Pagode

Um dieses fast quadratische Haus ranken sich einige seltene Legenden. Informationen darüber waren fast so schwierig zu bekommen wie der aktuelle Forschungsstand zum soeben entdeckten unterirdischen Riesensee im Timanfaya-Gebiet.

Der Erbauer Don Juan de Leon Perdomo wanderte einst nach Argentinien aus, kehrte aber bald wieder zurück, da seine Tochter an Tuberkulose erkrankt war. Er wollte seinem Kind ein möglichst beschwerdefreies Leben hier an der Lavazunge in Arrieta ermöglichen – vor dem tiefblauen Meer. Und baute deshalb 1916 das seltsame Haus direkt neben der alten Hafenmole. Nach wenigen glücklichen Jahren starb Juanita im Jahr 1921 und wurde im nahen Palmental von Haría beigesetzt.

Mitte der 90er Jahre sollte das Gebäude eigentlich als Museum für afrikanische Kunst fungieren. Immerhin hatte das Anwesen in Rainer Erlers Spielfilm »Die Quelle« von 1979 einen ersten Auftritt. Der Münchner Altregisseur platzierte um das Haus eine Abenteuergeschichte, in der ein reicher, mürrischer Inselbewohner, gespielt von Siegfried Wischnewski, eine seltene Quelle auf seinem Grundstück besitzt und verteidigt. Rainer Erler hatte zuvor bereits auf Lanzarote und Fuerteventura den Science-Fiction-Film »Operation Ganymed« gedreht, die Überlebensgeschichte der Crew einer fehlgeschlagenen Weltraum-Mission, unter anderem mit Horst Frank und dem jungen Claus-Theo Gärtner. Die neu bearbeitete ZDF-Fassung kann man übrigens auf YouTube ansehen.

Arrieta ist fast so geblieben, wie man es früher kannte. Lediglich ein schwerer Sturm hat vor einigen Jahren das zweite auffällige Wahrzeichen des alten Dorfes an der Ostküste zerstört. Einen hohen, brüchigen, aber fotogenen Holzsteg, der weit aufs Meer hinausführte. Man konnte danach nur schwimmend die verbliebene Hälfte erreichen. Aber vielleicht wird er ja bald wiederaufgebaut und renoviert.

Adresse Das Blaue Haus, 35542 Arrieta, Calle Morros 74 | Anfahrt Schnellstraße LZ 1 von Arrecife direkt nach Arrieta bis zum Kreisverkehr, dort an der Tankstelle führt der Weg ins Dorfzentrum zum Blauen Haus | Tipp Am Kreisverkehr steht Manriques stählernes Windspiel »Veleta« aus dem Jahr 1992.

18 Der Start zum Tandemflug

Höhlen zum Wohlfühlen

Eine erste Fotoreportage auf dieser Insel machte ich für das Münchner Magazin »Der Drachenflieger«. Die Redakteure spekulierten über ein Flug-Eldorado auf den Kanaren. Nur waren diese sieben Inseln, wie sich bald herausstellte, so überhaupt kein Fliegerparadies. Vor allem Fuerteventura war wegen der dortigen Scherwinde und fiesen Turbulenzen kaum zum Fliegen geeignet.

Auf Lanzarote hat sich in Sachen private Fliegerei seitdem einiges getan. Die Insel bietet inzwischen im Gegensatz zu den damals von Flugnarren noch wenig besuchten Nachbarn Teneriffa, Gran Canaria und La Palma eine Handvoll guter Start- und Landegebiete, zum Soaren und Gleiten. Einer der alten, klassischen Plätze befindet sich an der Ostküste bei Asomada. Den richtigen Fluggenuss gibt's hauptsächlich bei den seltenen Südost-Winden. Ein anderer Startpunkt liegt im Westen oberhalb der Famara-Küste, und ein weiteres spektakuläres Gebiet findet man etwas schwierig im Norden hinter dem Mirador del Río.

Wir bleiben beim ältesten Revier der Insel, am Berghang bei Asomada. Wer sich professionell über die alte und aktuelle Flugszene informieren will, kontaktiert die hiesige Fluglegende Willi Pantenburg in Taos. Seine Flugschule gehörte zu den Pionieren der Drachenflieger auf Lanzarote.

Und wenn hier oben mal wieder Flaute sein sollte, kann man gleich um die Ecke in eine der antiken Höhlenwohnungen der Ureinwohner ziehen und dort auf besseres Wetter warten. Heute nennt sich die hier neu gebaute, in die urtümliche Landschaft integrierte Appartement-Landschaft von Karl und Lilo Firsching treffend auch Castillo-Schlaraffenland. Frei übersetzt also bequemes Duschen im roten Felsengestein und angenehm kühles, gesundes Schlafen in den Felsgrotten. Jede der Wohneinheiten hat Charme und Grün – 300 Meter über dem Meeresspiegel mit Sicht bis zur flachen Marokko-Küste.

Adresse 35571 Asomada, Tinasoria, www.paragliding-lanzarote.de, www.lanzarote-im-winter.de | Anfahrt Schnellstraße LZ 2, von Arrecife kommend in Macher rechts abbiegen und den Hinweisschildern nach Asomada folgen, dann dem Hinweisschild zum Startplatz nach Tinasoria folgen | Tipp Die Finca Asomada von Heidi und Udo Baur lädt zum Wohnen ein und liegt direkt am Startplatz (Tel. 928/513215).

19 Die Buenavista Finca

Der Name sagt alles

Diese Finca übersieht man leicht vor Ort. Sie liegt nämlich ziemlich versteckt in einem fast unbebauten Hochtal inmitten der Insel. Von außen erkennt man nur innerhalb einer typischen kanarischen Steinmauer ein unscheinbares altes Bauerngehöft. Selbst mit dem Fernglas ist dieses Juwel kaum zu erkennen. Man muss schon reservieren und buchen, um einmal in den Genuss dieses Wohn-Highlights zu kommen. Aber bitte immer mit einem Partner, sonst könnte es hier sehr einsam werden. Die Finca ist im Innenbereich im klassischen Design ausgestattet. Und jedes Detail stimmt. Dem Ehepaar, das die Finca betreibt, gebührt längst eine Auszeichnung für nachhaltigen Tourismus.

Die einzigen sichtbaren Veränderungen, die dem Besucher auffallen, wenn er ankommt, sind die großen Glasfenster und -türen, die in den vulkanischen Geröllboden eingesetzt sind. Eigentlich ist es der ideale Logierplatz für bekannte oder gesuchte Gesichter und Köpfe, um sich zurückzuziehen. Oder die perfekte Kulisse für eine Testwoche für frisch Verliebte. Wer hier in der vulkanischen Einöde überlebt, ohne zu nörgeln, hat die Prüfung bestanden.

Ins nächste Café-Restaurant dauert es aber dann doch nur 15 Minuten. Zur West-, Ost- oder Südküste etwas länger. Dafür liegt man direkt an der Grenze zum Weinanbaugebiet La Geria und kann seinen Lieblings-Jahrgang mal in Ruhe testen und selbst aussuchen. Hier auf dem Lande vermisst man keinerlei Trubel, und wer es ganz geschickt angeht, trifft auch auf keine anderen Touristen und keinerlei Jeep-Safaris. Nur Wanderer oder Triathleten sieht man in der Ferne öfter beim Training.

Und was sind das nun für Leute, die hierher zum Urlauben kommen, werden Sie sich jetzt fragen. Es gibt Menschen, die Lanzarotes gutes Klima schätzen und ihren Augen einfach mal Ruhe gönnen möchten – ohne Sand, Meer und Manrique-Denkmäler. Vor allem immer mehr Architekten und Kreative.

Adresse Buenavista Lanzarote, 35572 Asomada, Ctra. Conil-Tegoyo 22, Tel. 606/935752, www@buenavistalanzarote.es | Anfahrt der Landstraße FV 501 Richtung Uga folgen und beim Hinweisschild abbiegen, direkt neben einem weißen Gehöft beginnt eine holprige 100-Meter-Piste, die an einer Schranke endet | Öffnungszeiten nach telefonischer Voranmeldung | Tipp Eines der schönsten Herrenhäuser, die Casa Tegoy, gebaut 1801, findet man außerhalb Conils Richtung Weinbaugebiet La Geria.

20 Der Abschlag über dem Meer

Das Runde muss ins Loch

An einem Berghang an der Costa Teguise hoch über dem Meer liegt Lanzarotes anspruchsvoller und erster Vorzeige-Golfplatz aus den 70er Jahren zwischen den Lavafeldern. Der endgültige Eröffnungs-Schlag erfolgte 1978. Die Planung hier lief parallel zu den ersten wichtigen Manrique-Projekten, und allen Verantwortlichen war schon damals bewusst, wie wichtig für das zukünftige, neue Urlaubsresort auch solch eine Sportanlage sein würde. Mallorca, Teneriffa und Gran Canaria waren längst schon international bekannte Destinationen auf dem spanischen Golfkalender. Aber hier oben an der Costa Teguise baute man gerade am ersten Fünf-Sterne-Traumhotel und wollte in dieser Frühzeit des Tourismus einer zukünftigen gut betuchten Klientel außer den vielen erloschenen Vulkanen und riesigen erkalteten Magmaflächen, Höhlen und damals noch schwer erreichbaren Stränden auch diesen Elite-Sport so schnell wie möglich anbieten. Schnell auffindbar und sehr nahe am ersten Touristenzentrum der Costa Teguise sollte er sein. Und immer sollte man das tiefblaue Meer im Hintergrund sehen.

Gerade hatte sich der jordanische König einen Palast an die Küste gestellt, und auch Manriques Haus entstand mitten im Lavameer um die Ecke bei Tahíche. So wurde 1972 der erste Campo del Golf geboren. Gestaltet wurde er von John Harris.

Klar gab es damals auch einige Golf-Gegner, die sich anfangs über diese Anlage wegen der allgegenwärtigen Wasserknappheit auf der Insel empörten, das hielt sich zum Glück aber in Grenzen. Empfehlenswert war von Anfang an das schön gelegene Golf-Restaurant. Inzwischen gibt's gute baskische Küche unter Palmen und mit Blick auf den englischen Rasen. Und das Beste daran: für jedermann zugänglich, nicht nur für Golfer. Übrigens wurde der erste kanarische Golf-Club »Real Club de Golf Las Palmas« bereits 1891 gebaut.

Adresse Club de Golf – 35508 Costa Teguise, Avda. del Golf, Tel. 928/590512, www.lanzarote-golf.com, info@costateguisegolf.co | **Anfahrt** von Costa Teguise die Anhöhe Richtung Aquapark und Tahíche LZ 34 fahren – gut beschildert (Campo del Golf) | **Tipp** Nebenan liegt der Aquapark Costa Teguise mit Mutproben wie einer riesigen Achterbahnrutsche.

21 Das Meliá Salinas Hotel

Gipfeltreffen mit und ohne Demo

Auf der New Yorker Weltausstellung 1964 schuf Architekt Fernando Higueras (1930–2008) den spanischen Pavillon. Hier auf Lanzarote entwarf er 1977/78 auch das erste spektakuläre Inselhotel. Natürlich mit der Hilfe eines damals noch nicht so bekannten Freundes. Kein anderer als César Manrique durfte sich im Innenhof austoben und gestaltete hier einen kleinen Dschungel – nur ohne Tarzan und Jane, die kamen viel später dazu.

Das Salinas wurde Mitte der 70er zur ersten richtigen Hotel-Sensation der Kanaren. Schon zweimal stand diese Hotelanlage an der Costa Teguise im Brennpunkt vieler europäischen TV-Sender und Nachrichten. Zuerst im Februar 2003, als hier das deutsch-spanische Gipfeltreffen mit unseren damaligen Polit-Stars Schröder und Fischer sowie dem damaligen spanischen Präsidenten Aznar von der sehr konservativen Volkspartei PP stattfand. Damals für viele eher ein peinliches Gipfeltreffen, da der Spanier für einen amerikanischen Kriegseintritt Richtung Irak stimmte. Die weit über 1.000 Demonstranten vor dem Hotel waren eher für Gerhard Schröders Anti-Kriegskurs in der Nahostfrage.

Vier Jahre später trafen sich im November 2007 an gleicher Stelle weit mehr Politiker in aller Ruhe. Beim 28. Gipfeltreffen der Europäischen Justiz tagten 47 Staaten und ihre Justizminister!

Nach einer längst fälligen umfangreichen, mehrmonatigen Renovierungsphase wurde das Hotel mehrere Monate geschlossen und im Sommer 2019 wieder dem Publikum zugänglich gemacht. Jetzt nur für ruhesuchende Erwachsene, aber immer noch kann man diesen frühen Bau als Hotel-Klassiker der ganzen Insel bezeichnen – in zentraler Lage, lärm- und animationsfrei! Wer seit den 70ern nicht mehr hier war, wird sich vielleicht etwas wundern, wie anders Insel-Urlauber inzwischen auch hier herumlaufen. Laut dem Fremdenverkehrsamt besuchen weit mehr als 100 Nationalitäten inzwischen die Insel.

Adresse Meliá Salinas Hotel, 35508 Costa Teguise, Avda. Islas Canarias s/n | Anfahrt Hinweisschilder ab der Urbanisation von Costa Teguise Richtung Playa de las Cucharas folgen | Tipp Pueblo Marinero, im Ortskern von Costa Teguise, war die erste Wohnanlage der 70er Jahre, von César Manrique gestaltet.

22 Das Politiker-Domizil

Von Kohl bis Gorbatschow

Weihnachten 2018 verwandelte sich das mächtige Haus zum letzten Mal in eine Politiker-Festung. Der junge amtierende spanische Ministerpräsident Pedro Sánchez war der letzte Regierungschef, der hier für einige Tage einzog. Er empfing damals nur ganz enge Parteifreunde. Danach war endgültig Schluss mit den Auftritten der Polit-Prominenz. Die unscheinbar wirkende »Residencia Real de La Mareta« an der Costa Teguise dient jetzt auf Wunsch von Spaniens König Felipe VI. den Tourismus-Interessen des Landes und soll vielleicht bald zu einem weiteren Museum umgestaltet werden.

Erbaut wurde das Haus in den späten 70ern von Jordaniens König Hussein, der die Anlage 1989 seinem Kollegen Juan Carlos I. schenkte. Dona María de las Mercedes, die Mutter des damaligen Königs Juan Carlos, starb am 2. Januar 2000 in dieser kanarischen Residenz. Namhafte Besucher wie Helmut Kohl, Michail Gorbatschow und Frau Raissa, der ehemalige Bundeskanzler Gerhard Schröder, der tschechische Ex-Präsident Václav Havel, Spaniens Ex-Regierende José María Aznar und José Luis Rodríguez Zapatero sowie der Präsident von Kasachstan waren allesamt Gäste dieses Küsten-Domiziles. Am Eingang verwuchert der Helikopter-Landeplatz, und rechts in Sichtweite präsentiert sich unübersehbar das riesige Elektrizitätskraftwerk. Hinter der Gestaltung steckte wieder mal Manrique, gemeinsam mit dem Madrider Architekten Higueras.

Hier sollte übrigens einst auch die Vereinbarung zu Manriques Pershing-Monument unterschrieben werden. Die USA und Russland wollten dem Künstler einige große Teile für sein spektakuläres Denkmal liefern. Eine Riesenskulptur aus abgewrackten Raketenteilen beider Großnationen – unterzeichnet von Reagan und Gorbatschow persönlich vor Ort. Doch leider wurde daraus nichts. Gorbatschow kam allein angereist, Reagan erkrankte, und César Manrique starb wenige Jahre danach.

Adresse Palacio Real La Mareta, 35508 Costa Teguise, Avda. El Salinero | Anfahrt Schnellstraße LZ 18 von Arrecife aus Richtung Costa Teguise und am Ende rechts zur Avenida El Salinero, direkt an die steinige Küste fahren, am Wasser entlanggehen | Tipp Machen Sie einen Spaziergang an der Meerespromenade entlang und zurück zur Avenida del Mar. Hier sieht man eine goldene Pyramide auf dem Dach eines ehemaligen Esoterischen Zentrums.

23 Das Schiffswrack

Zerfall eines Wahrzeichens

Wer in den vergangenen Jahren nicht die Schnellstraße zur Costa Teguise, sondern wie früher die alte Küstenstraße am Entsalzungs- und Elektrowerk Arrecifes vorbei Richtung Norden nutzte, fuhr nur wenige Meter daran vorbei: am alten Containerschiffswrack der »Telamon«. Fast 40 Jahre liegt dieser Schrotthaufen nun hier. 1953 lief er im schottischen Dundee als »Temple Hall« vom Stapel. Ab 1969 fuhr das Schiff als »Pantelis« unter griechischer Flagge, wurde weiterverkauft und schipperte ab 1977 unter dem trojanischen Götternamen »Telamon« durch die Gewässer des Atlantiks.

Auf dem Weg von der Elfenbeinküste Richtung Thessaloniki schlug das 140 Meter lange und 18 Meter breite Schiff am 31.Oktober 1981 hier in der Bocaina-Meerenge leck – so heißt die Passage zwischen Fuerteventura und der Südspitze Lanzarotes. Ein Thunfischfänger zog den riesigen Containerfrachter samt seiner Holzladung in den schützenden Hafen der Inselhauptstadt, in diese kleine Bucht. Einige Jahre später gab ein Sturm dem Schiff den endgültigen K.-o.-Schlag und zerbrach es in zwei Teile. Alle Bergungs- und Entsorgungspläne scheiterten bis jetzt an den hohen Kosten.

Jahrelang ist die Ecke nun für Sightseeing-Touristen, Hobbyfotografen, Tauchanfänger und selbst für Hausbesetzer attraktives Ziel hier am Rande der Inselhauptstadt Arrecife. Fürs professionelle Wracktauchen war es zeitweise die wichtigste Location der gesamten Insel.

Aber wie beim riesigen Wrack der »American Star« auf Fuerteventura (insgesamt neun Sightseeing-Tote) wurde es bald auch hier sehr gefährlich, und die ersten Unfälle passierten. Heute ist diese Bucht zumindest eingezäunt und der Zugang nur noch erfahrenen Profis erlaubt.

Bleibt zu hoffen, dass dieses Denkmal noch lange als Mahnmal für Atlantik-Stürme präsent ist. Nur betreten sollte man es inzwischen auf keinen Fall mehr, weder unter noch über Wasser.

Adresse Schiffswrack Telamon/Temple Hall, 35508 Costa Teguise-Las Caletas, Industriehafen Los Mármoles | Anfahrt nach der nördlichen Auffahrt zur Schnellstraße LZ 18 die ehemalige Landstraße und jetzige LZ 14 Richtung Los Mármoles nehmen und dann weiter Richtung Costa Teguise | Tipp Im Windsurfing Club Las Cucharas im Centro Comercial Las Maretas, um die Ecke an der Costa Teguise, kann man sich das komplette Equipment fürs Surfabenteuer ausleihen.

24 Das Restaurant-Paradies

Azurblau und etwas Meer

Direkt um die Ecke der berühmten Bucht der Neuverfilmung des »Moby Dick«-Klassikers liegt ein kleines Restaurant-Paradies, täglich zum Sonnenuntergang. Die etwa 300 Einwohner sind inzwischen fast alle damit beschäftigt, die Gäste gut zu bekochen oder zu bedienen. Klar – schwarze Schafe gibt's überall, wo Touristen auftauchen. Auch hier gilt die klare Grundregel: Vorsicht bei all zu leeren Tischen.

Gleich zu Beginn der Kneipensiedlung liegt links das alte Costa Azul. Hier speist man am besten in erster Reihe vor schwerer Eisenkette. Wenige Schritte nebenan liegen auch kleine Wohnhütten. Früher Fischer-Depots, sind sie auch heute nur mit dem Nötigsten ausstaffiert und nicht größer als Ihr Badezimmer zu Hause. Wichtig ist, überhaupt den Weg hierher an die Westküste gefunden zu haben. Suchen Sie sich dann Ihr spezielles Lokal aus – geschützt oder im leichten Wind, mit oder ohne Musikberieselung. Richtigen Lärm gibt's in dieser Ecke der Insel nicht. Hier gehört Fischessen zur Pflicht – solange es noch welchen gibt.

Ein weiterer Klassiker ist die Terrasse vom Bogavento, wie es sich heute nennt. Für die Älteren unter den Lesern: Fred Bertelmann hatte in den 50er Jahren mit seinem erfolgreichen Schlager »Wenn bei Capri die rote Sonne im Meer versinkt« diverse Hitparaden gestürmt, lange bevor er dann hierherkam und seinen Erfolg mit Freunden so richtig genoss.

Man glaubt kaum, wer außer ihm noch in dieser Ecke Lanzarotes schon alles unerkannt und vor allem medienfrei gesessen hat. Drehbuch-Autoren waren immer anonym unterwegs, SPD- und Grünen-Politiker wie einst Ströbele und Schily eher nicht. Aufgefallen sind natürlich frühe Stammgäste der Insel wie Günter Strack, Karl Dall, Jochen Busse und einige neuere Filmcrews, allen voran Pedro Almodóvar oder Penélope Cruz. Neuerdings trifft man manchmal auch Hollywoods Newcomer.

Adresse 35570 El Golfo, Avenida Marítima | **Anfahrt** von Yaiza über die die LZ 704 oder von El Janubio die LZ 703 | **Tipp** Einfach weiterwandern am steinigen Ufer Richtung Norden nach Playa de Paso. Irgendwann ist Schluss, dann beginnt der Nationalpark, und es wird richtig teuer, wenn man hier noch ohne Guides beim Erkunden erwischt wird.

25 Der smaragdgrüne See

Drehort für Schiffbrüchige

Dieses großartige Erlebnis, nicht nur für Naturfreunde und Geologen, bekommt man gratis an der Westküste Lanzarotes geboten: den smaragdgrünen Kratersee Charco de los Clicos, einige Meter versteckt vor dem Fischerdorf El Golfo und vor einer gigantischen Felswand, an der man jedes Jahrtausend ablesen kann. Ein schwarzer, kiesähnlicher Strand trennt diese grüne Lagune vom aufgewühlten Meer. Der Lago Verde (Grüner See) erneuert sich ständig durch diverse Algen und wird laufend vom wenige Meter entfernten Meerwasser gespeist. Zum Glück hat man hier längst ein Badeverbot erlassen, und so kann man die gigantische 50 Meter hohe Kraterwand wie vor zigtausend Jahren bestaunen, ohne dass Selfie-Paare davor herumschwimmen. Entstanden ist diese Vulkan-Lagune im Eiszeitalter, unterhalb der jetzigen Meeresoberfläche und damals noch im Landesinneren gelegen.

Vor einigen Jahren war die schwarze Kraterlagune auch Drehort für »Im Herzen der See«, ein »Moby Dick«-Remake von Starregisseur Ron Howard (»Da Vinci Code«, »Apollo 13«, »A Beautiful Mind«). Er ließ hier die Schiffbrüchigen des Walfängers »Essex« nach langem Überlebenskampf gegen den Riesenwal halb tot an Land spülen. 2015 wurde aus dieser Bucht eine Woche lang eine Insel im unendlichen Pazifik – sogar mit realem Sturm für die gesamte Crew. Und wer wissen will, was danach geschah, sollte sich unbedingt den preisgekrönten Film »Im Herzen der See« ansehen. Übrigens wurde der Originalfilm mit Gregory Peck 1956 ebenso auf den Kanarischen Inseln gedreht – nämlich auf Teneriffa und vor der Insel Gomera.

Wegen der starken Strömungen sollte man sich hier allerdings nur kurz im Meer erfrischen, sonst könnte einen dasselbe Schicksal wie die »Moby Dick«-Besatzung im Roman von Herman Melville ereilen. Die ganze Gegend ist übrigens auch Fundort des grünen Halbedelsteins Olivin.

Adresse 35570 El Golfo, Charco de los Clicos | Anfahrt von Yaiza aus die LZ 704 und von der Lagune El Janubio die LZ 703 dem Hinweisschild Las Casas de El Golfo folgen | Tipp Einfach ein paar Schritte in Richtung des kleinen Dorfes El Golfo gehen und sich auf den schwarz-roten Felsbrocken am Bergkamm mal länger ausruhen – ohne das Handy zu benutzen.

26 Die Salinen

Schönheit des Salzes

Hier liegen die schönsten aktiven Salinen auf unserem Planeten. Hier kann man Gesundheit tanken. Erreichen lässt sich dieser sensationelle Ort von zwei Seiten: vom Westen über den schwarzen Sandstrand oder einfach gegenüber am Hang von der neuen Salzboutique aus. Wer Salz kiloweise einkaufen will, ist bei den Salinas de Janubio goldrichtig. Früher standen hier Lagerschuppen, bis zum Rand gefüllt mit dem wertvollen Mineral.

Salz war einst so bedeutend, dass es als Zahlungsmittel eingesetzt wurde. Viele Lagunen waren lange vorher natürliche Salzbuchten. Danach kassierten die Lehensherren, und irgendwann entwickelte sich der Beruf der Salineros.

Die Salinen der Kanaren entstehen durch Verdunstung des Meerwassers in den zahlreichen Kristallisierungs-Becken aus Lehm und Steinen. Von den 60 Salinen des 17. Jahrhunderts auf dem Archipel befanden sich 24 auf Lanzarote – die vielleicht größte der Welt mit 500.000 Quadratmetern hier in El Janubio. Die 1895 gebaute Anlage war durch Mauern vor Wind gut geschützt, produzierte einige Millionen Tonnen Salz pro Jahr und steht heute unter Denkmalschutz. Wurde das Salz früher unter anderem für die Konservierung von Fleisch und Fisch benutzt, verpackt man heute sehr erfolgreich auch leckeres Gewürz- und therapeutisches Salz.

Für Tierfotografen und Mikrobiologen ist die Gegend ebenso ein kleiner Lottogewinn. Bleiben Sie mal einen ganzen Tag hier in den Salinen, erfrischen Sie sich vorsichtig am Rande der dunklen Brandung und genießen Sie den einzigartigen Ort auch von oben im Restaurant bei der täglichen Sonnenverabschiedung. Fotografieren Sie, bis die Batterien verbraucht sind. Sie werden es nicht bereuen. Hier liegt ein Schatz der Vergangenheit, einfach zugänglich im Gegensatz zum Vatikan oder Grand Canyon. Nur eine Frage der Zeit, wann auch Hollywood die seltene Location würdigt. Der Münchner Filmemacher Klaus Lemke hat die Ecke bereits vor Jahren entdeckt und archiviert.

Adresse Salinas de Janubio, 35570 Yaiza, Camino de los Hervideros, www.salinasdejanubio.com | Anfahrt in Yaiza der LZ 2 folgen, in Las Hoyas in die LZ 704 biegen und von Süden kommend die LZ 2 nehmen; Salinen sind unübersehbar (gute Parkmöglichkeiten) | Öffnungszeiten Mo – Fr 10 – 17 Uhr, Sa 11 – 16 Uhr | Tipp Am Eingang oben, direkt neben der alten Küstenstraße, muss man durch ein modernes Kunstwerk schreiten. Es ist ein eisernes Eingangstor, installiert von Eduardo Manrique, dem Neffen Manriques.

27 Die Bucht des Präsidenten

Der einsame Strand

Dieser nicht ungefährliche Strand gehört zu den Top Ten Europas – zumindest optisch. Profi-Windsurfer, Kiter und Wellenreiter stürzen sich hier mutig in die Brandungswellen. Wenn das Meer ruhig und flach erscheint, wagen sich auch mal Urlauber und ältere Sonnenanbeter ins Wasser. Aber Vorsicht! Nur bei absoluter Windstille besteht kaum eine Gefahr. Bei ablandigem Wind ist es fast das Todesurteil. Denn dazu kommen noch die weitaus gefährlicheren Strömungen, auch bei kleinen Wellen.

Der sieben Kilometer lange Sandstrand ist bei Ebbe die ideale Jogging-Route. Frühmorgens treffen Sie dann vielleicht auch mal den ehemaligen spanischen Ministerpräsidenten José Luis Zapatero bei seinem Morgenlauf. Er ist seit 2013 Stammbesucher der Insel – meistens um Ostern – und hat sich kürzlich in der Nähe zum Strand sein zweites Zuhause eingerichtet. Wie kaum ein anderer Europapolitiker sucht er Kontakt zur Bevölkerung und trinkt regelmäßig seinen Espresso im nahen Dorf. 2018 wurde sein Sicherheitsteam Zeuge eines gestrandeten, übervollen Flüchtlingsbootes und organisierte sofort die wichtige Rettungsaktion.

Die ersten alternativen Siedlungen Lanzarotes, die Casas Noruegas (Norweger-Häuser), sieht man am Hang gegenüber. Die Bucht von Famara liegt ziemlich abseits vom Massentourismus, und inzwischen haben einige Surfschulen die Gegend für ihre Kurse entdeckt. Einziges Hindernis für die Wellenreiter und Kiter ist ein altes Schiffswrack mitten in der Brandung. Vor Jahren knallte hier ein Containerschiff auf die Sandbank. Bei Ebbe sieht man noch einige Metallteile aus dem Wasser ragen.

Der Fünf-Sterne-Blick ergibt sich aber durch die fast 500 Meter steil abfallende Felswand der Bergkette zum Mirador hin. Zwischendurch kurven öfter mal einige Gleitschirm- oder Drachenflieger am Himmel entlang und müssen neuerdings auch mal Drohnen aus dem Weg gehen.

Adresse Famara Beach, Carretera LZ 402 | Anfahrt vor Teguise die LZ 402, ab Tiagua die LZ 401 und dann ab Soo die LZ 410, die Straßen enden an der Playa de Famara | Tipp Alle rauf aufs Board zum Windsurfen, Kiten oder Wellenreiten! (www.famarasurf.com)

28 Die Kapelle im Nebel

Ermita de las Nieves – Wallfahrtsort und Suizidplateau

Wer einmal hier oben steht und tief durchatmet, fühlt sich frei und restlos glücklich. Eigentlich der Top-Ausblick, wer hierherkommt, ist glücklich, sollte man meinen. Aber wie einige mit Blumen geschmückte Kreuze hier oben bezeugen, ist es leider bereits mehrmals vorgekommen, dass jemand die 500 Meter in die Tiefe gesprungen ist. Eine berüchtigte Stelle und der Alptraum aller Bergungskräfte auf Lanzarote inklusive des tapferen hiesigen Helikopter-Rettungsteams. Wenige Meter davon entfernt steht deshalb ganz gut platziert die kleine Wallfahrtskirche Ermita de las Nieves.

Die schlichte Kapelle erhebt sich etwa 600 Meter über dem Famara-Strand, hoch oben am Bergkamm in der Nähe vom Penas del Cache. Ermita heißt Einsiedelei, Nieves bedeutet Schnee, und tatsächlich ziehen hier oft weiße Wolken vom großen Strand herauf und wandeln sich manchmal in Nieselregen. Mehrmals im Jahr pilgern die gläubigen Insulaner deshalb hierher und beten für eine reiche Ernte und vielleicht auch weniger Sprünge in die Tiefe.

Auch Triathleten und Gleitschirmflieger kommen hierher, Letztere meistens von oben, und fliegen dann bei der richtigen Windströmung die ganze Hangkante bis zum Mirador del Río hoch.

Ob dort oben also geflogen, gewallfahrtet oder gebetet wird: Der Ort ist und bleibt einfach magisch, wird ein halbes Jahrtausend bereits besucht und kann uns viele spannende Geschichten erzählen. Die Kirche ist leider meistens verschlossen, aber trotzdem sehr sehenswert.

Gleich in Sichtweite des Gipfels des 671 Meter hohen Peñas del Cache sieht man eine mächtige Radarstation, mehrere Funk- und Sendemasten, Satellitenschüsseln und militärische Abhörstationen. Schwer bewacht und umzäunt wie in einem alten »James Bond«-Film und in jedem Jahr öfter mal Startplatz einer beliebten kanarischen Berg-Rallye.

Adresse Ermita de las Nieves | **Anfahrt** von Teguise kommend die LZ 10 nehmen, kurz hinter Los Valles und dem Windpark Eolico links abbiegen | **Tipp** Ein Spaziergang Richtung Militärstation, dann Umkehr an der Absperrung – hier wird sicher nicht nur der Luftraum überwacht.

29 Die Einkehr am alten Pass

Femés und das Restaurant Emiliano

Wer steil wandert und wieder zurückfindet, hat natürlich Hunger. Hier im uralten Restaurant bei Emiliano hat sich kaum was verändert - räumlich, kulinarisch und von der Aussicht her sowieso nicht. Inzwischen kocht und schafft die ganze Familie für ihre Stammgäste, wie den Musiker Stephan Remmler (»Da Da Da«). Und wer seinen Lieblingsplatz noch belegt sieht, kann erst mal über die Straße ins immer sauber herausgeputzte Dorf gehen und eine seltene Traumaussicht genießen. Im Norden blickt man vom Mirador in Richtung der Chinijo-Inseln, hier im Süden reicht der Blick über die 350 tiefer gelegene Meerenge El Río bis zu den goldenen Sanddünen Fuerteventuras. Man sieht regelmäßig die beiden Fährschiffe kreuzen, und wenn es irgendwo kräftig weiß raucht – bitte keine Panik. Weder Vulkanausbruch noch Papstwahl finden statt. Es werden nur wieder einige Ackerflächen verbrannt und kultiviert.

Auch die Iglesia de San Marcial de Rubicón ist interessant, da sie zuerst an der Küste lag und nach wiederholten Piratenüberfällen hier hochzog. Um den 7. Juli wird traditionell das Patronatsfest des Schutzheiligen mit Folkloremusik gefeiert.

Das ganze Dorf restaurierte einst den Dorfplatz zur schönsten Terrasse der Insel. Damals konnte man nur vom Norden her den Ort pannenfrei erreichen, um auf Francos Tod anzustoßen. Der steile Pass hinunter nach Playa Blanca beziehungsweise Maciot und Femés entstand erst viele Jahre später. Und wenn man heute im Restaurant speist, dann lieber nicht bei Kalima. Diese kurze, heiße Wetterphase müsste eigentlich Staubwind heißen und führt im Gegensatz zum richtigen Schirokko-Sandsturm keine Sandkörner mit. Die Windrichtung ist aber dieselbe, Süd und Südost, also von der Sahara gleich gegenüber. Zum Glück vermiest das Naturereignis nur wenige Tage im Jahr den kulinarischen Genuss von Tapas und Rotwein hier oben.

Adresse Casa Emiliano, 35570 Femés, Calle de la Plaza 10 | Anfahrt von Norden (Yaiza) die LZ 702 nehmen, von Playa Blanca aus der Beschilderung nach Femés folgen | Öffnungszeiten Di, Mi, Fr–So 13–21.30 Uhr, Do geschlossen und am Wochenende gerammelt voll | Tipp Um den beliebten Ziegenkäse am Dorfplatz gegenüber zu kaufen, muss man am Laden von Herrn Reyes einfach mal kräftig Sturm läuten.

30 Der Höhenweg von Ajache

Wo Filmemacher Lemke wandert

Der 560 Meter hohe Vulkan Ajache Grande ist der Wanderberg des deutschen Kultregisseurs Klaus Lemke. Hier siedelten sich Anfang des 15. Jahrhunderts rundherum die ersten normannischen Eroberer an und hatten den idealen Überblick über die Papagayo-Buchten. Man muss schon genau hinsehen, um noch Überreste aus dieser Zeit zu finden.

Wer hier hochsteigt, sollte sich vorher die Wanderkarte »Senderismo turistico en Los Ajaches« im Rathaus von Yaiza besorgen. Und wer hier losgeht, sollte auch etwas die Geschichte der Gegend kennen und daran denken, dass vor ein paar hundert Jahren kein so friedlicher Bergspaziergang möglich war. Dies war nämlich die Zeit der brutalen Eroberung Lanzarotes, die genau hier im Süden der Insel begann – hauptsächlich wegen der bequemen sandigen Landebuchten von Papagayo. Zur Belohnung der feindlichen Übernahme – immerhin damals die erste außerhalb Europas – gab's vom damaligen Papst Benedikt XIII. prompt am 7. Juli 1404 eine kleine Kirche samt Bischofssitz spendiert. Vor den blutigen Kämpfen versprach er den kastilischen Truppen die Befreiung von ihren Sünden. Das zeigte Wirkung. Fast alle Ureinwohner wurden ausradiert nach dem Motto »Schwert und Kanone gewinnt über Pfeil und Bogen«.

Gleich in welche Richtung Sie wandern, die Tour misst anspruchsvolle zehn Kilometer. Die Strecke dauert über drei Stunden und ist windig, aber doch ziemlich gut zu gehen, wenn Sie das richtige Schuhwerk tragen. Der Steig über den Pico de la Aceituna (482 Meter) ist der Höhepunkt der Tour und erinnert optisch etwas an die Anden. Außerdem gut zu wissen: Die Ajaches sind das trockenste Gebiet Lanzarotes, und selbst Ziegen, mit denen Sie bald Freundschaft schließen werden, freuen sich über einen Schluck aus Ihrer Wasserflasche. Deshalb parken und starten Sie auch in Femés und nicht in Maciot – dort gibt's nämlich keine Kneipe und keinen Supermarkt.

Adresse 35580 Femés, Calle de la Plaza | Anfahrt Start zum Wandern liegt gleich hinter dem Restaurant Casa Emiliano, dann den Berg hoch, parken am Kirchplatz von Femés | Tipp Nach dem Pico Redondo geht ein kurzer Weg noch zum Sattel des Degollada del Portugués. Hier sehen Sie dasselbe, was die Eroberer damals auch sahen – nämlich tagelang nichts außer Felsen und Geröll.

31 Caleta de Sebo

Verkehrsfrei und autonom

Die »größte« der »kleinen« Inseln des Kanarischen Archipels heißt La Graciosa – mit 270.000 Besuchern im Jahr 2018. Zehn Jahre zuvor waren es halb so viele! Zum Glück ist sie autofrei und Marine-Reservat, und so haben Fische ihre Ruhe. Aber sie muss noch stärker geschützt werden. Allein in den letzten Jahren haben Strömungen 30 Tonnen Plastikmüll hierher verfrachtet, der mühsam entsorgt werden musste. Der 30 Quadratkilometer große Sandfleck gehört mit Alegranza, der Vogelinsel Montaña Clara und den beiden Felsbrocken Roque del Este und Roque del Oeste zum Chinijo-Archipel. Letzterer liegt versteckt und meistens im Dunstnebel, sodass er für ein weiteres »Titanic«-Desaster reichen würde. La Graciosa beherbergt etwa 600 Einwohner. Seit Juni 2018 ist sie offiziell die achte Insel der Kanaren und hat jetzt eine eigene, autarke Verwaltung, gehört aber genau genommen noch zur Gemeinde von Teguise.

Man steigt in Órzola in eines der Fährboote und erreicht nach 15 Minuten den Hafen von Caleta de Sebo. Dies ist der einzige legal bewohnte Ort der Insel, und man bekommt nur hier ein Gefühl dafür, wie es früher überall auf Lanzarote war. Schon die Fahrt dorthin ist ein visuelles Highlight – vorbei an den mächtigen, über 500 Meter hohen Felsformationen.

Falls Sie hierherkommen, bleiben Sie eine Nacht und genießen die Einsamkeit, Stille und Licht zum Sonnenuntergang. Oder erkunden Sie Puerto de Sebo und wandern Sie von dort aus in beide Richtungen. Links geht es zu einigen Stränden, rechts liegt ein Geisterdorf, das nur in den Sommerferien bewohnt ist.

Wenn Sie nur neugierig auf das seltene Eiland sind, bleiben Sie beim großen Nachbarn und blicken vom Mirador del Río herunter. Berühmtester Inselfan dieses Eilandes war übrigens jahrelang der deutsche ZERO-Künstler Günther Uecker, der sich hier in aller Ruhe erholte und viele kleine Aquarelle malte.

Adresse La Graciosa, 35540 Caleta del Sebo | **Anfahrt** täglich stündliche Abfahrt ab 8–17 Uhr vom Hafen Órzola aus mit der Fähre von Líneas Romero | **Tipp** Die unübersehbare und einzige Bäckerei im Inselhafen von Caleta de Sebo bietet täglich knuspriges Brot.

32 Die Playa de las Conchas

Eva Maldener und ihre Insel

Wer auf Graciosa wandern will, eine Unterkunft oder auch nur Salz sucht, sollte sich zuerst an Eva Maldener wenden. Sie kennt die Insel wie kein anderer und zeigt Ihnen unter anderem zwei der schönsten Strände der Kanaren. Die einsame Playa Francesca und die noch einsamere Playa de las Conchas. Gut möglich, dass Sie sofort das Virus dieser Mini-Insel packt! Besonders die Playa de las Conchas ist ein richtiger Traumstrand. Aber Vorsicht: Das Schwimmen kann hier lebensgefährlich sein – auch wenn gerade keine Wellen sind.

Bei Frau Maldener sind Sie in sicheren Händen, nicht nur beim Schwimmen. Sie lebt seit vielen Jahren hier und ist wirklich mit allen Quellen gewaschen. Sie vermittelt und organisiert individuelle Touren sowie auch Segelturns zu den restlichen Felsbrocken weiter nördlich. Und kennt so manche Anekdote dieser doch noch ziemlich unbekannten Insel, 1.200 Meter gegenüber der felsigen Nordspitze Lanzarotes. Auch bietet sie Salz an – handgeschöpft von den Laugen und Felsplateaus. Noch gesünder und biologischer … sagt man. »Sal de Charco« heißt das naturbelassene Meeresgewürz. Es entsteht in langen Felsspalten, wird dann nass geerntet und anschließend in der Sonne getrocknet – Salzgewinnung innerhalb der größten europäischen Meeresschutzzone.

Meiden Sie auf Graciosa lieber die Ferienmonate Juli bis September, dann ist es hier randvoll, und Sie müssen vielleicht sogar im Stehen schlafen, wenn Sie die letzte Fähre verpassen. Mieten Sie sich ein Rad und denken Sie bitte daran, hier ist alles offroad, aber nicht offlimit – wenn Sie sich an die Regeln halten.

Und einmal im Jahr sollten Sie sich um einen der 675 begehrten Startplätze bewerben, dem Langdistanz-Schwimmereignis von Lanzarote nach Graciosa im Oktober. Das ganze Jahr über können Sie bereits im oft ruhigen El Río dafür trainieren. Eva Maldener besorgt Ihnen Ihr sicheres Beiboot dafür.

Adresse Eva Maldener, 35540 La Graciosa, Caleta de Sebo, Ortsmitte, Tel. mobil 649/067029, evamaldener@gmx.net | Anfahrt täglich stündliche Abfahrt ab 8–17 Uhr vom Hafen Órzola aus mit der Fähre von Líneas Romero | Tipp Wandern Sie zum dritten kleinen Paradies-Strand, der Playa de la Cocina im Anschluss an die Playa Francesca.

33 Césars Kaktus-Paradies

Manriques letztes Werk

Der Jardín de Cactus war ein sogenanntes César-Manrique-Langzeit-Projekt, das der Allround-Künstler mit seinen Mitarbeitern nach fast 20 Jahren 1989 am nördlichsten Ende der Dorfes Guatiza vollendete und 1991 eröffnete. Das geeignete Riesen-Gelände von etwa 5.000 Quadratmetern fand er aber schon Jahre vorher in einem stillgelegten Steinbruch. Heute kann man dort neben den giftigen Wolfsmilch-Gewächsen vor allem die vielen 1.000 Kakteenpflanzen bewundern – weit mehr als 500 Arten aus der ganzen Welt. Na ja, zählen Sie selbst mal nach. Hauptsächlich stammen sie von den acht Kanareninseln, Afrika beziehungsweise Madagaskar und manche auch aus Mexiko.

Viele davon sind zu richtigen Pflanzenskulpturen zusammengestellt worden und um eine restaurierte Gofio-Mühle gruppiert. Der vorher geröstete Mais wird hier zu dem traditionellen Gofio-Mehl gemahlen. Selbstverständlich ist das Restaurant im paradiesischen Stachel-Terrain aus dem reichlich vorhandenen Vulkangestein gebaut. Dicke Basaltsteine grenzen die Umgebung ab. Es gibt kaum eine Schulklasse der Kanaren, die hier noch keinen Pflichtbesuch (mit viel Spaß) absolvierte. Passen Sie unbedingt auf Ihre Kleinkinder auf, auch wenn die seltenen Pflanzen wie flauschige Teddybären aussehnen. Wie viele der jährlich 250.000 Besucher sich hier unfreiwillig stechen, ist nicht genau bekannt. Spazieren Sie bitte deshalb erst am späten Nachmittag hierher, damit Sie auch wirklich jede Nadel rechtzeitig erkennen.

Der ganze Park ist wie eine Arena angelegt, ein großes pflanzliches Amphitheater. Und man merkt, dass Manriques Team auch über einige Kenntnisse der japanischen Gartenbaukunst verfügte. Kein Ort schien dazu geeigneter als das kleine Dorf Guatiza, das auch das Zentrum und die Produktionsstätte der bekannten Cochenille-Laus ist, dem berühmten Schmarotzer, aus dem dieser begehrte Karmin-Farbstoff hergestellt wird (siehe Ort 34).

Adresse Jardín de Cactus, 35530 Guatiza, General del Norte | Anfahrt von Tahíche aus die Schnellstraße LZ 1 nehmen und danach den Schildern folgen | Öffnungszeiten täglich 10–17.45 Uhr; Juli–Sept. bereits ab 9 Uhr | Tipp Unbedingt die tollen Toiletten im Kaktus-Park einmal kurz besichtigen.

34 Die Laus-Fabrik

Karminrot als Zusatzstoff

Es gibt Pflanzen auf Lanzarote, die hätte man gern selbst rechtzeitig erkannt und weiterverarbeitet: die Aloe vera und die Tuno-Indio-Feige samt ihren wertvollen Untermietern, den Cochenille-Läusen. Aus diesen Schildläusen wird ein roter Farbstoff gewonnen. Das südamerikanische Insekt erreichte Lanzarote im Jahr 1835, wurde bald heimisch und löste einen lukrativen Handel aus.

Das Zentrum des begehrten natürlichen Farbstoffes, der gerade ein Comeback erfährt, liegt hier rings um das Dorf Guatiza. Und im blitzblanken Museum erfährt man von der Anpflanzung bis zur Ernte alles. Die Landstraße führt direkt an der Dokumentation vorbei und lädt zum dringenden Besuch ein.

Auf den Blättern der Feigenkakteen kleben die Schildläuse samt ihren Eiern. Die Larven sind randvollgesaugt mit dem berühmten Karminrot. Für 100 Gramm Farbstoff braucht man etwa zwei Kilogramm Läuse, was wiederum weit über 200.000 Larven wären.

Man nutzte Cochenille lange fürs Färben von Kleidern oder Teppichen, die Kosmetikindustrie für ihre Lipsticks, die Italiener im Vatikan für ihre Kardinalsröcke, die Briten für Soldatenuniformen. Dann erfand man plötzlich Anilin, und vorbei waren die goldenen Zeiten für das seltene Rot. Jetzt spekuliert man auf eine Bio-Renaissance und wartet auf den großen Boom. Übliche Verdächtige wie Allergologen, Forscher, Pharmakologen sind sich noch nicht ganz einig, ob sie dem roten Gold so richtig trauen können. Immerhin schätzen auch manche Urologen den Tuno-Indio-Saft, der ja aus den Feigenkakteen gewonnen wird und wirksam gegen Prostataleiden ist. Schon die Azteken brauten diesen Saft. Spanische Seefahrer entdeckten den Farbproduzenten Anfang des 16. Jahrhunderts und haben ihn später hierher nach Lanzarote gebracht.

Heute motzt der Farbstoff wieder kräftig Lippenstifte, Fruchtgummis und diverse Getränke wie Campari auf.

Adresse Museo de Cochinilla, 35543 Guatiza-Mala, Calle Villa Nueva 10, Tel. 928/529328 | Anfahrt von der LZ 1 vor Guatiza herunterfahren, liegt direkt unübersehbar an der alten Landstraße bei Mala | Öffnungszeiten täglich 10.30 – 18 Uhr | Tipp Nach so viel roter Farbe gönnen Sie sich einen schwarzen Kaffee direkt gegenüber in der Bar.

35 Der ungestörte Ausblick

Inklusive einer Höhenwanderung

Es gibt sie noch, diese kostenlosen Gratis-Fernblicke ohne mühsames Schlangestehen an der Eintrittskasse. Wie hier am fast unbekannten Mirador de Guinate, wo man meistens allein und deshalb ungestört ist. Es gibt keine Wendemöglichkeit für größere Shuttlebusse, keinen Begrüßungscocktail mit Musik, nur diese versteckte, weite Aussicht nach Graciosa. Fast wie in den Alpen, aber ohne das nervige Seilbahn-Getümmel am Kiosk. Nur finden muss man diese Stelle schon selbst.

Die Besucher werden drüben, kurz vor dem übervollen Mirador del Río, erst mal hoch zum First-Class-Manrique-Bauwerk gelockt, dann wird abkassiert. Es besteht wenig Interesse, auf Highlight-Konkurrenz hier oben aufmerksam zu machen. Falls Sie also dort einmal keine Chance zum Abschalten oder Meditieren finden, einfach zurück und in die Sackgasse nach Guinate hinein abbiegen. Man fährt zuerst an einem entsorgten und stillgelegten Tierpark vorbei, begegnet weder Mensch noch Papagei und ist schon nach wenigen Minuten am ungestörten Gratis-Ausblick. Hier gibt es keinen Abstieg, aber kurz zuvor bei den wenigen Häusern einen bequemen Wanderpfad, der zuerst Richtung Guinate-Hochtal führt.

Man hat danach die Möglichkeit, zurück Richtung Auto zu gehen und einmal vorbei an den Berghängen und Weideflächen des 562 Meter hohen La Quemada und des 581 Meter hohen Los Helechos zu wandern. Oder man wagt die andere Route zur Siedlung von Máguez, die unterhalb von La Quemada beginnt. Die Chance, von dort oben auf ein grünes Lanzarote zu blicken, gibt es leider nur im Frühjahr.

Bei starkem Wind sollten Sie auch lieber recht bald das kreative Restaurant La Puerta Verde (Das grüne Tor) aufsuchen. Wenn man vom Wandergebiet Máguez Richtung Haría fährt, kommt man daran vorbei. Dort wird Sie die kunstvoll-vegane und vegetarische, aber auch die süddeutsche Küche ziemlich überraschen.

Adresse Mirador de Guinate, Calle La Majadita, 35541 Haría | Anfahrt vom Mirador del Río die LZ 202 nach Guinate abbiegen und bis zum Ende durchfahren | Tipp Es lohnen ein Aufstieg oder eine Umrundung des Monte Corona – je nach Kondition. Aber der Blick in die aufgerissene Flanke genügt auch schon.

36 Die Arte en Obra

Eine Zeitzeugin Manriques

Haría war lange Zeit ein verschlafener Ort in einem fruchtbaren Tal mit 1.000 Palmen, wie man es nannte. Und einem romantischen Dorfplatz mit kleiner Promenade, früher fast nur Insidern bekannt, die auf dem Wege zum Mirador hier durchfuhren. Zum Handwerkermarkt am Samstag kamen bald Besucher, um etwas vom alten Flair Lanzarotes einzufangen. Die alte Handwerkerkunst sowie die kanarische Küche und das soziale, kulturelle Leben werden hier seit langer Zeit sehr gepflegt. Auch Manriques Grab liegt ganz in der Nähe der alten Dorfmitte.

César Manrique fand hier genau die Ruhe, die er nach seinen vielen Kunstprojekten so dringend brauchte: Sein letztes Wohnhaus mit Atelier und seine einfache Grabstätte am Ende der Straße San Juan auf dem historischen Friedhof sind der Beweis, dass er sich mit Haría voll identifizierte. Ein unscheinbarer Steinkreis, auf dem eine der typischen Phoenix-canariensis-Palmen wächst, kennzeichnet seine letzte Ruhestätte.

Bettina Bork, eine fleißige Studentin und danach Mitarbeiterin (1985–1992) Manriques, gründete 2003 hier ihr kleines Kulturzentrum, welches neben Design und Architektur zum Hauptziel die Begegnung der Kulturen in Verbindung mit nachhaltigem Tourismus hat. Als einzige Ausländerin wurde die Querdenkerin 2011 im Rahmen der Arbeit mit César Manrique in die Akademie der Wissenschaften, Ingenieurwesen und Humanität aufgenommen. Eine starke Rückendeckung für neue Zukunftsprojekte. In Zusammenarbeit mit der Haría-Society begann im Jahr 2016 ein großer internationaler Erfolg. Bettina Bork wurde für ihr Projekt auf der Tourismusmesse ITB in Berlin geehrt. Ein Dokumentarfilm wurde gerade erstellt, dieser soll bald auch international präsentiert werden.

Die Zukunft von Arte en Obra wird sicherlich aufregend – mit Workshops im Freien, Wissenschafts-Ausflügen und tiefem Austausch zwischen Besuchern und der Bevölkerung.

BERND IMGRUND
111 WHISKYS DIE MAN GETRUNKEN HABEN MUSS
JENS DREISBACH
111 GINS DIE MAN GETRUNKEN HABEN MUSS
CORNELIA KUHNERT
111 ORTE FÜR KINDER IN UND UM HANNOVER DIE MAN GESEHEN HABEN MUSS
MARIA TERESA CARBONE
111 HUNDE DIE MAN KENNEN MUSS
emons:
Entdecken fängt zu Hause an
CHRISTINA BACHER
111 ORTE FÜR KINDER IN KÖLN DIE MAN GESEHEN HABEN MUSS
111 WEINE AUS ITALIEN DIE MAN GETRUNKEN HABEN MUSS
THEO B. PAGEL | BRIAN BATSTONE
111 DINGE ÜBER ELEFANTEN DIE MAN WISSEN MUSS
FRANZISKA LÖ
111 ORTE FÜR KINDER IN UND UM STUTTGART DIE MAN GESEHEN HABEN MUSS
HOLGER UND ROLAND GRUMT SUÁREZ
111 INSEKTEN DIE TÄGLICH UNSERE WELT RETTEN
ISA GRÜTERING | NATASCHA KOROL
111 ORTE FÜR KINDER IN BERLIN DIE MAN GESEHEN HABEN MUSS

Adresse Arte de Obra, Bettina Bork, 35520 Haría, Calle San Juan 12, www.artedeobra.com | Anfahrt von Teguise die LZ 10 ins Dorfzentrum von Haría und danach rechts die LZ 10 weiter Richtung Arrieta, der Beschilderung folgen | Tipp Das bescheidene Grab von César Manrique liegt auf dem sehenswerten Friedhof von Haría.

37_Der Eco-Windpark

Windräder satt

Erinnern wir uns einmal kurz an die Bedingungen, unter denen man hier früher leben musste, danach überleben konnte und heute gut weiter existieren kann. Noch vor wenigen Jahrzehnten gab es hier oben weder Strom noch Wasserpumpen. Anfangs handelte man mit Sklaven und nach den jahrelangen Vulkanausbrüchen im 18. Jahrhundert mit Wein, dann mit der Laus und mit Salz, ab 1975 mit dem Tourismus, Käse und der Aloe-vera-Pflanze. Heute versucht man es mit nachhaltigem Tourismus, und all-inclusive reduziert sich. Bodenschätze wie Wärme und tief unterirdisch fließendes Wasser sind gerade erst entdeckt worden und müssen noch warten.

Lanzarote sollte einst eine autarke Insel mit 100 Prozent nachhaltiger Energie werden. Deshalb wurde dieser Park auch bereits 1993 eröffnet. Man erhoffte sich damals, stündlich viele Megawatt zu gewinnen. Wenn man am »Kartoffeldorf« Los Valles und dann am gleichnamigen Mirador-Restaurant vorbeikommt, sieht man bereits von Weitem diesen Parque Eólico de Lanzarote, dessen alte Windräder auch noch in so manchem alten Reiseführer abgebildet sind. Manrique und Luis Ibañez gestalteten damals den ersten Windpark Lanzarotes mit zusätzlichen attraktiven Blumenbeeten. Er sollte weithin sichtbar und ein symbolisches Zeichen für die Zukunft der Insel sein. Ziel war damals auch eine hohe Energie-Erzeugung für die Entsalzungswerke dieser Zeit. Inzwischen stehen dort oben zehn neue Windräder, die Lanzarote mit nachhaltiger Energie von 28,4 MW versorgen. Früher war hier sogar einmal der größte Windkraftpark der Kanaren geplant – warum aus den veralteten 48 Windrotoren dann »nur« zehn geworden sind, ist rätselhaft. Vielleicht die falschen Politiker am richtigen Ort. Vielleicht war man dort oben auch zu früh etwas zu nachhaltig?

Auf Teneriffa steht im Ort Arico eine ähnliche Anlage, dort gibt es insgesamt 18 Windparks. Insgesamt werden auf den Kanaren im Moment etwa 420 MW erzeugt.

Adresse Parque Eólico, an der LZ 10, Mirador de Los Valles | Anfahrt nach dem Ort Los Valles auf der LZ 10 sieht und hört man den Park schon von Weitem rauschen | Tipp Vom Restaurant Mirador de los Valles, Calle Celemin 21, mit vielen kräftigen Kartoffel-Spezialitäten, hat man einen schönen Blick.

38__Manriques letzter Rückzugsort

Wohnatelier und Ruhe

César Manrique (1919–1992) war ein einzigartiger Kreativer, aber auch ein Träumer. Er schuf auf dieser Vulkaninsel ein Gesamtkunstwerk, das seinesgleichen auf dem Globus sucht. Eigentlich vergaß er nur, einen Eignungstest für einige Touristen einzuführen, die diese Insel heute betreten. Das hätte ihm sicher gefallen. Und Lanzarote wäre kulturell Mitte der 90er stehen geblieben.

Die Insel ist ja bereits damals knapp an einer Sightseeing-Katastrophe vorbeigeschrammt. Nach den Olympischen Spielen 1990 in Barcelona wollten einige Größenwahnsinnige eine Art Disneyland unterhalb der Ortschaft Las Breñas hinzaubern, etwa so wie in Valencia. Inklusive eines Riesen-Riesenrades, das man noch auf Fuerteventura hätte sehen können. Zum Glück platzte der touristische Alptraum, und die Gegend ist noch heute unbebaut.

Nach einem längeren New-York-Aufenthalt (1965–1968) kehrte der heute so berühmte Sohn Lanzarotes mit vielen Ideen zurück und begann seine drei wichtigsten Bauprojekte, plante weitere Überraschungen und machte sich so bei einigen Inselmächtigen immer unbeliebter. Keine Werbetafeln, eine einheitliche Farbgebung und ein Höhenlimit für Häuser – seine Forderungen wurden bis heute befolgt. Ebenso wollte er nur minimale Eingriffe in die Natur. Es entstanden unter anderem ein begehbarer Lavastrom, sensationelle Aussichtspunkte im Norden und im Vulkangebiet von Timanfaya sowie ein edles Burgrestaurant mit Museum.

Für sich selbst schuf Manriques ein Paradies mitten im Lavafeld bei Tahíche. Danach einen Kaktusgarten und unendlich viele kleinere Projekte, bevor er seine letzten Jahre (1988–1992) hier im Palmental von Haría verbringen durfte – weit weg von den Besucherströmen. Wer durch die Räume und Freiflächen schlendert, fühlt, dass er erst hier zur Ruhe kam.

Adresse Casa/Museo César Manrique, 35520 Haría, Calle Elvira Sánchez 30 | Anfahrt LZ 10 von Teguise, bis kurz vor das Dorfzentrum von Haría, dann gut ausgeschildert | Öffnungszeiten täglich 10.30 – 18 Uhr | Tipp Das Museum für Sakrale Kunst »Arte Sacro« finden Sie neben der Kirche im Ortszentrum.

39_Die limitierte Insel

Römeratelier, Leuchtturm und heute Surfspot

Schon vor 30 Jahren schrieben internationale Surfmagazine über diesen außergewöhnlichen Wellenreitplatz der Kanaren. Denn regelmäßig ab Weihnachten bis zum spanischen Karnevalsende läuft an der südlichsten Seite eines uralten Vulkankraters ein kilometerlanges Wellenset entlang. Wer hier surft, gehört schon zur Waverider-Elite.

Ab der Playa Blanca verkehren Motoryachten auf die kleine Isla de Lobos, oder man nimmt den kleinen Umweg mit den stündlichen Fähren über Fuerteventura in Kauf. Wer sich jedoch für die Geschichte des Eilandes interessiert, sollte nach Ankunft erst ins kleine Museum rein und eine kurze Wanderung zum Leuchtturm unternehmen. Bis heute bewacht er die etwa zwölf Kilometer breite Meerenge Bocayna zwischen Lanzarote und Fuerteventura. Tragischerweise strandeten zu Beginn der afrikanischen Flüchtlingswelle vor über zehn Jahren auch hier die ersten primitiven Holzboote am Riff.

Auf dem Weg zum alten Leuchtturm passiert man kurz nach der Bootsanlegestelle ein weiteres Highlight der Insel. Auf einer kleinen Anhöhe direkt oberhalb des sandigen, einzigen Badestrandes liegt die Ausgrabungsstätte eines römischen Ateliers aus dem 1. Jahrhundert. 2012 entdeckten Archäologen Werkzeuge und Tonscherben, die damals zur Herstellung der begehrten Purpurfarbe aus einer seltenen Meeresschnecke gebraucht wurden.

Die Insel ist inzwischen mit strengen Naturschutzgesetzen täglich nur limitierten Besuchern vorbehalten. Man muss sich rechtzeitig um ein Besucherticket bemühen. Außerdem gibt es keine Übernachtungsmöglichkeit – nur eine Handvoll romantischer Fischerhütten, inklusive eines uralten Fischer-Restaurants in einer türkisfarbenen Bucht. Noch ein amüsanter Hinweis: Bei regelmäßigen großen Segelregatten wird diese sechs Quadratkilometer kleine Insel einfach mal als große Wendeboje benutzt.

Adresse Isla de Lobos, naturgeschützt und besucherlimitiert seit 2018; wird von Fuerteventura aus verwaltet und streng kontrolliert | **Anfahrt** ab 7 Uhr morgens fahren fast stündlich die drei regulären Fähren von Líneas Romero, Fred. Olsen und Armas, nur ab dem Hafen von Playa Blanca; private Charterboote gibt es für ganz eilige und unabhängige Surfer, die auch nachts mal surfen | **Tipp** Für eine Wanderung hoch auf den einzigen Berggipfel braucht es Trittsicherheit und gern ein Fernglas.

40_El Chupadero

Entspannen am Himmelsrand

Barbara Hendriks betreibt seit 1986 diesen abgelegenen Kulttreff inmitten des Weinanbaugebietes La Geria. Restaurant inklusive Live-Bühne, Gallery, begrünter Terrasse sowie drei moderne Appartement-Studios sind auch nach vielen Jahren immer noch der absolute Geheimtipp in dieser seltenen Lava-Region.

Sonntags finden immer die inzwischen längst legendären internationalen Musik-, Jazz- und Bluesabende statt. Jetzt verwandelt sich das Chupadero vom täglichen Treff auch in ein »Rent-a-Kult-Place« und lädt zusätzlich zu speziellen Music-Events und privaten Veranstaltungen ein. Diverse Räume und Patios sind hier umrahmt von Kunst.

Barbara ist die einzige Frau weit und breit, die sich in der Männerdomäne durchgeboxt hat und auch mitverantwortlich ist für die Attraktivität dieses Vorzeige-Weingebietes. Neuerdings führt Sohn Joel die Allein-Regie. Im El Chupadero fühlen sich Regisseure, Musiker, Schriftsteller und Künstler ebenso wohl wie Querfeldein-Wanderer.

Das Gästebuch liest sich wie das kleine »Who's who« der Film- und Kunst-Welt, von Tom Fährmann, Andreas Gursky, Anno Saul, Sönke Wortmann, Helge Achenbach bis zu den internationalen Stars wie Pedro Almodóvar, Penélope Cruz, Antonio Banderas oder Hollywood-Legende Ron Howard. Vielleicht liegt es daran, dass es hier doch etwas intimer zugeht und sehr ruhig ist, keine Stalker auf den Palmen sitzen, weit und breit kaum Autogrammjäger unterwegs sind und vor allem kein Urlaubszentrum mit lauter Musik dröhnt. Vielleicht auch, weil das jahrzehntelange Image der dortigen Abende noch immer auf der ganzen Insel bekannt ist.

Nur einmal im Jahr wird's laut, und mit der Idylle ist es ringsherum ziemlich vorbei. Dann wenn nebenan fast 10.000 Fans zum legendären »Sonidos Liquido«-Musik-Open-Air hierherpilgern, durchfeiern und alle dringend mal aufs Klo müssen.

Adresse El Chupadero, Bar und Restaurant, Ferienwohnungen 35570 La Geria, La Geria 3, Tel. 928/173115 | **Anfahrt** von Yaiza aus die LZ 2 und dann nach Uga die LZ 30 abbiegen | **Öffnungszeiten** Mi–So 12–22 Uhr, Sa und So 12–24 Uhr | **Tipp** Eine Kurzwanderung zu einer sehr sehenswerten alten Bodega-Ruine führt vorbei an den Weinfeldern.

41 El Grifo

Weinmuseum am Ende der Weinstraße

El Grifo ist die älteste Kelterei der Kanaren, und seit Kurzem gibt's in diesem alten Wein-Ambiente Lanzarotes auch regelmäßige Klassik-Konzerte und vor allem Gitarren-Abende in einer der ehemaligen kleinen Produktionshallen. Dann sind die Liebhaber der spanischen Gitarrenmusik unter sich und lauschen Klassik- oder Jazz-Klängen bekannter Timple-Stars wie Alexis Lemes. Der Besuch lohnt sich eigentlich fast immer, es sei denn, es verirrt sich mal eine zu laute Flamenco-Diva hierher.

Tagsüber wird die Kunst der Kelterei im Museum gezeigt, mit Probierecke versteht sich. Oder man bestellt Tapas-Variationen und zieht sich auf eine der vielen Terrassen zurück, ohne vorher eingetaucht zu sein in die mühsame Zeit der frühen Kelterei-Epoche auf Lanzarote.

Das Wein-Museum gehört bestimmt zu den wichtigsten auf den Kanaren und gibt einen Einblick in die mühsame Arbeit der Winzer auf Lanzarote. Jährlich werden bis zu 600.000 Flaschen produziert. Man muss die preisgekrönten Jahrgänge einfach mal alle begutachten, darunter den schon vor Jahrzehnten in New York ausgezeichneten süßen Moscatel-Aperitif. Man entdeckt die uralten Holzfässer und Pressen. Wird süchtig, alles zu lesen, und kann am Ende dann sehr gut verstehen, dass nach so einem Rundgang mal kein Cerveza auf den Terrassen bestellt wird. Und ist anschließend froh, einen nüchternen Beifahrer zu haben.

Die Familie des Hausherrn bemüht sich sehr, ihren Gästen Authentizität ganz im Sinne Manriques zu vermitteln, dessen grafische Handschrift beim Wappentier Grifo (Greif) noch überall zu sehen ist. Um große Busladungen gar nicht erst anzulocken.

Die über zwölf Kilometer lange Weinstraße Richtung Süden zwischen der Bodega El Grifo und dem Dorf Uga beginnt genau genommen mit dem frühen Wegweiser Manriques am Kreisverkehr vor dem Campo de Campesino.

Adresse Bodegas El Grifo, 35550 San Bartolomé, Lugar de El Grifo | **Anfahrt** direkt an der LZ 30 | **Öffnungszeiten** täglich 10.30–18 Uhr | **Tipp** Weitere bekannte Lanzarote-Keltereien in der Umgebung sind: La Florida, El Bermejo, El Rubicón, La Geria, Antonio Suarez, La Querencia, Vega del Yuco, Barreto.

42 Das Wein-Imperium Stratus

Wo Rita Hayworth einst filmte

Sicher haben Sie Glück und stehen nach fast fünf Jahren nicht wieder vor verschlossenen Türen. Die Bodega Stratus hat die rätselhafteste Vergangenheit, die je ein Weingut auf den Kanaren hatte. Gebaut 2005, geschlossen 2010, renoviert 2017, kurz wiedereröffnet – dann wiederum geschlossen. Und heute? Nun, zumindest die Boutique erstrahlt in neuem Design.

Rechtsstreitigkeiten dauern auf den Kanaren oft lange. Und was den Berlinern ihr Schönfelder Airport, war lange Zeit dem Lanzarote-Weinkenner diese Bodega. Dabei hat es auf sehr hohem Niveau angefangen. In kurzer Zeit schaffte es das Weingut in Europas Hitliste der Weinproduzenten und gewann mit seinem Moscatel-Aperitif in Florida sogar eine Goldmedaille.

Man verwandelte die alte Finca direkt neben der Straße in eine Wein- und Gourmet-Boutique. Rita Hayworth drehte 1970 genau hier ein Thriller-Drama, da im eigentlichen Land der Handlung, in Mexiko, gerade wieder scharf geschossen wurde (für Film-Freunde: »Die Straße nach Salina«). So wich man halt mit einer Schiffsladung voller Equipment schnell hierher aus – und fand ideale Drehmöglichkeiten, jede Menge Statisten und keine Touristen.

Die alte Filmlocation wird noch heute vom Eukalyptusbaum bewacht. Gleich dahinter baute man ein modernes Open-Air-Restaurant unter Wein-Bäumen, für Meetings und exklusive Präsentationsrunden. Wie für die Autohersteller VW, Rolls-Royce, BMW und Audi, die hier auch neue Fahrzeuge testeten. Die eigentliche Weinproduktion wurde unterirdisch in den Berg verlegt und ist eine Führung wert. Leider wurde die ganze Anlage kurzerhand geschlossen, und als Gast spekulierte man ratlos, warum.

Jetzt wurde wiedereröffnet, und die Weinproduktion läuft auf vollen Touren. Bleibt zu hoffen, noch viele Jahre.

Adresse Bodega Stratus, 35570 Yaiza, Carretera LZ 30, www.stratus.com | **Anfahrt** Carretera LZ 30, bei Kilometer 18 | **Tipp** Kurz davor liegt die Weinbodega El Rubicón mit Café-Restaurant und Weinmuseum. Man sitzt unter einem Riesenbaum im Schatten und ist fast ungestört.

43 Der Weinoasen-Lehrpfad

Spaziergang übers Lavafeld

Die wichtige Information vorneweg: Im späten 19. Jahrhundert blieben sämtliche Kanareninseln aufgrund ihrer geografischen Lage von der großen Reblausplage verschont. Hier auf Lanzarote im Anbaugebiet von La Geria findet man deshalb seltene Weinlagen, etwa 16 Kilometer lang und vier Kilometer breit. Die Winzer haben hier früher metertiefe, runde Gruben in die poröse Lava-Asche gegraben. Heute haben die Bauern auf vielen Quadratkilometern ein System von ummauerten Rebstöcken aufgezogen. Die Mauern schützen vor trockenem Wind und spenden nachts kondensiertes Wasser. Vor allem der hiesige Malvasia-Wein hat es in die Charts geschafft und Preise abgeräumt wie kein anderer.

Suchen Sie sich Ihre maßgeschneiderte Wandertour durch die Weinfelder aus. Mit kleinen Vulkananstiegen oder einfach nur querfeldein. Links und rechts der Hauptstraße LZ 30 von La Geria gibt's überall kleine Parknischen. Sie können auch bereits ab Yaiza oder Uga dieses Wein-Territorium betreten und loswandern. In Sichtweite entdeckt man immer andere Probierstuben und kleine Bodegas. Jedes Jahr kommt eine hinzu, auch wenn der neue Winzer nur einen Tisch und vier Stühle hat. Sie können immer irgendwo die mühsame Arbeit vor oder nach der Ernte kennenlernen. Sie erkennen auch sofort den freundlichen Familienbetrieb oder das kommerzielle Unternehmen. Sie werden das millionste Foto schießen, nur eines dürfen Sie nicht: An- und Abfahrtwege zuparken. Mittlerweile gibt es auch etliche Übernachtungsmöglichkeiten – Sie können also ruhig jede Menge Rebsorten testen.

Auch der legendäre familienfreundliche Wine Run, mit einer Lang- und einer Kurzdistanz (20,8 Kilometer/12,5 Kilometer), und der Wine Run for Kids finden hier jährlich statt. Dann genießt man mehr das genussvolle Laufen auf der ansonsten so harten Ironman-Insel. Und Weine, Pinchos und Tapas stehen endlich einmal im Vordergrund und nicht die Powergetränke der hektischen Betreuer.

Adresse 35570 La Geria | Anfahrt los mit dem Weinanbaugebiet geht's bereits hinter dem Dorf Uga | Tipp Die Bodega La Geria aus dem 19. Jahrhundert liegt gleich zu Beginn der Weinstraße LZ 30 und lädt ebenso zur Verkostung ein und ist für Weintrinker den Besuch wert.

44 Kenneths Sportanlage

Größtes Athletencenter Europas

Die erste Ölkrise verhinderte hier eine gigantische Tourismusanlage. Vielleicht auch gut so. Denn aus dem misslungenen Projekt Anfang der 70er Jahre an der hintersten Bucht Lanzarotes entwickelte einige Jahre später der Däne Kenneth Gasque mit einem neuen Konzept das beste Sportzentrum der Kanaren.

Wenn neben Manrique und Saramago ein dritter Name für Lanzarote stehen darf, ist es Kenneth Gasque. Er etablierte die Insel als Top-Center für Sportler aus ganz Europa. Nebenbei legte er den Grundstein einer Reha für alle Ausdauersportler. Inzwischen trainieren hier übers Jahr mehr als 100.000 Profis. 2010 wurde die Gesamtanlage renoviert und ausgebaut mit zusätzlichen Villen, Meetingräumen, Sporthallen und einem Hightech-Schwimmparcours. Sein Konzept war einfach: Im Sommer residieren hier die terminfreien Wintersportler, und im Winter reisen Leichtathleten und Ballsportprofis an. Auch für Familienclans und Fans bleiben genügend Appartements übrig. Hier steht kein »All you can eat«- oder Trimm-Resort. Sondern ein »All you can bring with« – vom Physiotherapeuten über den Manager bis zum Trainer sind alle willkommen. Das wusste 2015 auch das Ferrari-Team und scheuchte seine Piloten täglich zum Strandlauf. Ehemalige Olympiasieger und Weltmeister, wie die Zehnkämpfer Hingsen und Thompson, genießen heute im Ruhestand die Abgeschiedenheit der Anlage.

Aus dem Trainingsparadies ist längst auch ein Markt- und Messeplatz für Triathleten geworden. Seit 1992 startet hier jeweils kurz vor Pfingsten der härteste Ironman nach Hawaii. Zusätzlich hat Kenneth, früher selbst Finisher auf Hawaii, den Ironman 70.drei, den Ocean Lava Halbmarathon und für alle familiären Laufgemeinschafen den La Geria Wine Run initiiert. Nach 35 Jahren ging Kenneth 2018 nach einer grandiosen Abschiedsfeier und der höchsten Auszeichnung vom Königshaus in Madrid in der Hand in den Ruhestand.

Adresse La Santa Sportzentrum, Urbanizacíon La Santa, 35560 Tinajo, Tel. 928/599999, www.clublasanta.com | Anfahrt vom Surf-Dorf La Santa weiter der LZ 67 folgen, noch zwei Kilometer bis La Santa Sport | Öffnungszeiten Buchung in Deutschland über La Santa Hamburg Tel. 040/5510034 | Tipp Die vom Meer abgetrennte Lagune vor La Santa eignet sich gut zum Kajak-, Schwimm- und Segeltraining.

45 Die Riesenwelle von Quemao

Immer im Frühjahr

Was Jaws für die Hawaiianer auf Maui und Nazaré im Norden Portugals ist, ist La Quemao für die kanarischen Big-Wave-Surfer hier auf Lanzarote. Oft warten sie dann wochenlang am steinigen Ufer, im mitgebrachten Zelt, Wohnmobil oder in ihren Vans. Halten Ausschau im Smartphone nach diversen Wettervorhersagen und Meeresströmungen und sehen auch noch manchmal aufs Meer nach Windrichtung und Welle. Ob gesurft wird, bestimmt heutzutage längst das Netz. Denn was nützt die ultimative Riesenwelle, wenn einem der falsche Wind das eigene Brett an den Kopf schleudert. Envisat oder Eutelsat registrieren inzwischen jede Meeresoberfläche rund um den Globus – ganz gleich, wie dick die Welle hier vor Ort oder das Eis in Alaska ist.

Am Ufer parken dann auch reihenweise teure Jetskis der Sponsoren, die ganz Wagemutige aus der weißen Brandung retten – eine Art Versicherung. Schon ab November geht's mit den Stürmen über dem Atlantik los, wie zum Beispiel 2018, als Riesenbrecher sogar die Balkone eines Hochhauses auf Teneriffa leer fegten. Danach kommt der Swell, so nennt man Wellen, die im Abstand von einigen Minuten surfbare Wellenberge an wenige Stellen der Inseln liefern. Hier in La Santa beziehungsweise Quemao hat man sie entdeckt, und das kleine Dorf ist mit ihnen mitgewachsen – weit abseits der Touristen-Hochburgen. Selbst als das Sportresort nebenan vor drei Jahrzehnten eröffnet wurde, dachte wirklich noch niemand ans Big-Wave-Surfen – man stotterte auf Windsurfboards in der Lagune umher und schwamm dann meistens bei Wind hinter dem Board her. Heute spielt Quemao bereits in der Oberliga des Wassersports und gehört zu den Top Ten der coolsten Spots in Spanien. Leider für Profis halt nur wenige Tage im Jahr. Die restliche Zeit verbringt man mit Training, warten und lernen, wie man in der Frühjahrs-Brandung überleben kann.

Adresse La Santa, 35560 Tinajo, Uferpromenade | Anfahrt von Tinajo die LZ 67, sie führt direkt am Dorf La Santa vorbei zu den 100 Meter entfernten Surfspots | Tipp An der Durchgangsstraße sind einige gute Restaurants wie Mama Africa, Amêndoa und Verde Mar.

46_Das Atelier von Noss

Leidenschaft vom Herzen

Hätten Sie gedacht, dass einer der innovativsten Münchner Künstler sein Atelier auch auf Lanzarote hat, und das seit fast über drei Jahrzehnten? Seine Arbeiten liebt man oder lehnt sie ab. Dieter Noss lebt seine Kunst wie kaum ein anderer, er wohnt mitten darin, schläft mit ihr ein und wacht mit ihr auf. Er spricht mit ihr und bekommt Antworten. Wie von seinem riesigen Kleiderbügel, den der Wind immer in eine andere Richtung treibt – an einem Telefonkabel baumelnd.

Die »Süddeutsche Zeitung« schrieb 2017 ein großes Kompliment: »Jeder Mensch ist ein Künstler, wusste schon Joseph Beuys. Man muss nur sehen können, bestätigt Dieter Noss, der in Las Breñas Fundstücke zu verblüffenden Werken verarbeitet. Beuys hätte es hier gefallen.« Es genügt oft ein freundlicher Gruß oder ein Zitat, und schon öffnet sich seine Tür. Noss' Kulturwissen ist enorm, seine Besessenheit von guten Büchern fast triebhaft. Früher hat er mal für die Filmindustrie und Bernd Eichinger gearbeitet, Werbe- und Filmplakate entworfen, für Filme wie »Excalibur« oder »Harlis«. Er hatte auch eine Gastrolle in Sönke Wortmanns Film »Kleine Haie« von 1992. Und spielte in Klaus Lemkes RAF-Film »Brandstifter« von 1969 neben Iris Berben die Rolle des Martin.

Ohne Handwerksprofis stünde aber auch er oft vor unlösbaren Aufgaben. Auf der Vulkaninsel hat er sie gefunden, Männer fürs Grobe. In München findet dann die Feinarbeit statt – das Grafische. Weil Öffentlichkeit und Performance nicht so sein Ding sind, muss man Glück haben, ihn auf Vernissagen anzutreffen. Er kommt meistens, um Freunde zu treffen und seine Werke kurz zu interpretieren – allen Dauer-Kopfschüttlern. Und siehe da, oft wirkt dies. Dann ist der Moment, in dem er einen neuen Fan gewonnen hat. Und das ist gut so, da die Noss-Spezies längst beim Aussterben ist und allzu oft den nonverbalen Medien weichen muss.

Adresse Atelier Noss, 35570 Las Breñas, Calle Salida a Femes, Tel. 928/173402, www.dieternoss.de | **Anfahrt** von Yaiza kommend am Ortsausgang unübersehbar rechts, von Femes kommend links – direkt an der Ortsdurchgangsstraße von Las Breñas | **Öffnungszeiten** Zufahrt und Open-Air-Ateliers sind Tag und Nacht geöffnet | **Tipp** Das Restaurant Casa Marcos ist das derzeit einzige und auch empfehlenswerte Restaurant hier oben, mit sehr langer Tradition und immer noch gutem Insel-Essen.

47_Die Küste der Eisenmänner

Hautnah zur Brandung

Der Abschnitt zwischen den Salinen von El Janubio bis El Golfo gehört sicher zu den schönsten, aber auch unruhigsten Küstenmeilen Spaniens – immer hautnah zur rauen Brandung. Deswegen kann an manchen Starkwindtagen auch die Scheibenwischanlage Ihres Leihautos zum Einsatz kommen. Dafür sorgen hier manchmal gewaltige »Blow Outs«. Sie erzeugen diese fotogenen Wasserfontänen wie auf Island oder Hawaii und klingen wie eine Klospülung, aber funktionieren wie eine Autowaschanlage. Sie entstehen in den meterlangen Röhren und Felsöffnungen ab der Meereshöhe nach oben, jahrtausendelang eingefräst in das Lava- und Granitgestein. Dann tobt hier jedes Mal für kurze Zeit der Bär, und das Meer holt sich wieder Stück für Stück der Insel zurück. Leider manchmal auch ganz neugierige und unvorsichtige Selfie-Touristen (2018). Das Schauspiel gibt es meistens aber nur bei hohem Wellengang mit großer Brandung, bei starkem Westwind und hoher Flut. Die Trittunsicherheit mancher Urlauber wird zum Glück oft schon in Parkplatznähe getestet und sofort bestraft.

Wundern Sie sich also nicht, wenn an manchen Sturmtagen die Fahrstrecken dort eng und einspurig werden oder gleich ganz gesperrt sind und Sie wieder umkehren müssen. Es gibt aber neuerdings einige Haltebuchten zwischen dem schwarzen Vulkangestein, von denen Sie diese Wasserduschen zu Fuß und richtig live erleben können. Von einem kleinen Parkplatz erreichen Sie bequem einen sicheren Fels- und Foto-Balkon, einen echten Logenplatz, geschützt vorm salzigen Nass und der wilden Brandung, aber trotzdem in Reichweite des tiefblauen Meeres. An der sicheren kleinen Playa de Montaña Bermeja kann man sich kurz erfrischen.

Für alle Lanzarote-Rad- und -Laufprofis ist hier außerdem eine Trainingsstrecke de luxe. Die Eisenmänner sehnen sich vor allem im Sommer nach den lauwarmen Wasserduschen von Hervideros.

Adresse Salinas de Janubio, 35570 Yaiza-Los Hervideros | Anfahrt bei den Salinen de Janubio startet die Küstenstraße, etwa fünf Kilometer Richtung El Golfo, beim größeren Parkplatz inmitten der Brandungsstraße Los Hervideros führt ein kurzer Pfad direkt zu den Aussichts-Balkonen zur wilden Brandung | Tipp Auf der ganzen Strecke gibt es kleine bequeme Haltebuchten für Ihre Selfies.

48 Das Kamel-Haus

Klassik im Dromedar-Stall

Zu Lanzarotes Top Ten der Kultur-Macher gehört neben César Manrique, der natürlich diese Liste immer anführen wird, seinem Neffen Eduardo Manrique und dem großartigen Maler Ildefonso Aguilar auch ein Engländer namens Sir Ernest Hall. Im Jahr 2002 baute er eine uralte Kamel-Finca in Macher in Sichtweite des Kreisverkehrs an der LZ 2 völlig um, und es entstand ein kleines Konzert- und Kulturzentrum, speziell für Klassik-Abende.

Lanzarote hatte sein erstes privates Festival für anspruchsvolle Musik. Regelmäßige Liederabende, Lesungen und Instrumental-Darbietungen schufen sogar ein neues Publikum auf der Insel – sehr wohltuend im Kontrast zur üblichen Rap-, Rhythmus- und Latinomusik hier. Man warf sich in Schale und pilgerte oder fuhr zur ehemaligen Lastentier-Residenz kurz vor der Gemeinde-Hauptstadt Tías.

Sir Ernest Hall war damals wochenlang Thema Nummer eins und sorgte plötzlich in der Tat für eine Wiederbelebung klassischer Musik bei Jung und Alt und einen Gegenpol zum etwas lauteren spanischen Flamenco-Geschrei. Der Abend der Besinnung kehrte plötzlich wieder ein, wenn auch nur für einen individuellen, kleineren Kreis von Musikliebhabern. Und das war längst überfällig. Denn wenn das jährliche kanarische Musikfestival die großen Konzertsäle in Teneriffa, Fuerteventura und Gran Canaria im Frühjahr füllte, ging die Vulkaninsel Lanzarote oft leer aus, und man musste Klassikkonzerte umständlich in Manriques tiefe Höhlen verlegen.

Aber bis endlich auch an die Freunde der anspruchsvollen Musik auf Lanzarote gedacht wird und ein Konzertsaal à la Hamburger Elbphilharmonie oder ein Calatrava-Palast wie auf Teneriffa entsteht, werden noch einige Jahre vergehen. Lieber baut man hier sogar einen fünften Yachthafen oder weitere neue Anlegestellen für Kreuzfahrtschiffe und verseucht die Umwelt mit seltsamen Gerüchen.

Adresse Camel House Concerts, 35571 Macher, Camino el Volcan, www.thecamelhouse.com, Tel. 928/834150 | Anfahrt gleich hinter dem Supermarkt La Lonja am Kreisel | Tipp Oberhalb des LZ2/LZ502-Rondells von Macher liegt ein sensationelles weißes, modernes Schulgebäude von Martin Martin Arquitectos – Arrecife.

49__Das Atelier in Máguez

Die Welt der Künstlerin Brunnauer

Kurz hinter Haría in Máguez lebt und arbeitet eine österreichische Vollblut-Malerin. Vor über 15 Jahren zog es die Künstlerin Romana Brunnauer samt Ehemann, Musiker Wolfgang, auf die Vulkaninsel. Was lag näher als der Bau eines großen Wohn-Ateliers in der Nähe des von Palmen umsäumten Hochtals von Haría – ziemlich abseits der großen Touristenströme. Nach sieben Jahren Suche fanden beide hier in Máguez die ideale Umgebung in Südeuropa und weg vom langen grauen Winter.

Genau hier empfängt die Malerin nach Voranmeldung kunstinteressierte Besucher und erklärt ihnen ihre neuesten Schaffensphasen. In jedem Werk merkt man ihr früheres Philosophie-Studium. Ihr Arbeitsrhythmus gliedert sich in eine erste theoretische Auseinandersetzung, dann folgt das Intuitive in ihren großformatigen Bildern. Sie arbeitet mit klarem Konzept und hält sich damit Monate auf, bevor ihre Werke zu einer Ausstellung und damit an die Öffentlichkeit gehen. Das kann auf den Inseln ebenso sein wie in Deutschland, Österreich oder im etwas entfernteren Chicago (2018).

2018 war ihr Thema »Facing«. Ausdrucksstarke Großgemälde in den Grundfarben Cyan, Gelb, Magenta und Schwarz. Sie legt Schatten an, wischt auf der Leinwand, kontrolliert und ruht sich kaum aus, bis alles passt. Eine Recherche-Malerin, wie man sie heute nur selten trifft. Man merkt ihren Bildern ebenso an, dass sie nicht stumm gemalt sind, man erkennt bei einigen fast den Rhythmus oder das Thema der Musik – oftmals Bob Dylan, den sie seit ihrem zwölften Lebensjahr verehrt. Direkt an ihr Atelier grenzt das riesige Musik-DVD- und Schallplatten-Archiv ihres Ehemannes. Mit Schelllack-Raritäten der ersten Beatles- sowie Beach-Boys-Scheiben.

Wer sie einmal nicht im Atelier antrifft, fährt zur nahe gelegenen Galerie Artenmala. Dort sind immer aktuelle Werke präsent, und es gibt regelmäßige Künstlertreffen mit Tapas und Livemusik.

Adresse Romana G. Brunnauer, 35541 Máguez, Calle Ramirez Cerdo 4, Tel. 928/835165, romana-brunnauer.eu | Anfahrt von Haría aus weiter die LZ 201 fahren und am Ortausgang von Máguez auf die Parallelstraße wechseln | Öffnungszeiten nur nach telefonischer Voranmeldung oder unter mail@romana-brunnauer.eu | Tipp Galeria Artenmala, Mala: Die Chefin präsentiert in einer alten Finca hochwertige und sehr farbenfrohe Inselkunst (Lomo de la Cruz 2, geöffnet Fr–So 12–18 Uhr).

50__Der Rundgang im Vulkandreieck

Calderas und Montanas satt

Kein Lanzarote-Besuch ohne einen kostenlosen Spaziergang auf dem Mond! Dazu gibt es mehrere Varianten. Ziehen Sie sich einen Overall mit dem NASA-Emblem über, damit es auch noch recht authentisch wirkt. Zwei Ziele stellen wir Ihnen hier vor. Für beide Erkundungen liegt Ihr idealer Parkplatz direkt an der LZ 56 gegenüber dem Berg Montaña Negra. Jetzt haben Sie die Wahl, zuerst den Montaña Cuervo (390 Meter) locker zu umrunden. Zusätzlich mit einem leichten Einstieg an einer offenen Seitenflanke und dem dazugehörigen Selfie in der Mitte des Kraters. Alles ist bequem zu meistern, und überall gibt's Mobilempfang, falls Sie doch mal stolpern und vielleicht auch Hilfe brauchen.

Wieder zurück am nahen Parkplatz überqueren Sie die Asphaltstraße und nähern sich Richtung Norden der Caldera Colorada (468 Meter). Diese Rundtour dauert nur eine gute Stunde, falls Sie nicht eine längere Rast an der ebenfalls fotogenen »Vulkan-Bombe« einlegen. Dieses fünf Meter große, meteoritenähnliche Wurfgeschoss wurde einst kilometerweit aus irgendeinem Vulkan herausgeschleudert und liegt nun zum Besteigen da.

Trotzdem nochmals mein Tipp für alle Neueinsteiger: Suchen Sie sich fürs Erste registrierte und einfache Wandertouren aus. Gehen Sie immer zu zweit und bleiben Sie auf dem gesicherten Pfad oder Lavaweg oder schließen Sie sich gleich einer Trekking-Tour an. Tragische Realität des vergangenen Jahres: Man fand zufällig eine tagelang verschwundene ältere Wanderin, die irgendwann im Nowhere Land in eine vulkanische Höhle eingebrochen war und auch nicht sofort vermisst wurde. Inzwischen gibt's hervorragendes Kartenmaterial, und unterwegs erklären die in den Boden gerammten Infotafeln, was bei den großen Ausbrüchen im 18. Jahrhundert hier noch so alles passiert ist.

Adresse 35572 Masdache, Gemeinde Tías, Trekking-Anbieter www.canarytrekking.com und www.lanzatrekk.com | **Anfahrt** Parkplatz an der Landstraße LZ 56, die von der LZ 30 nach Mancha Blanca abzweigt | **Tipp** Bequemer geht's nicht: www.lanzatrekk.com holt Sie direkt im Süden (!) von Ihrer Unterkunft ab (Tel. 696/083345).

51__Biggis Werkstatt

Für schmückende Objekte

Im Süden Lanzarotes, mit imposantem Blick auf die weite Rubicón-Ebene, kreiert Biggi mit viel Liebe und Leidenschaft ihre wertvollen und einzigartigen Schmuckobjekte. Die diplomierte Schmuck-Designerin besuchte früher die Fachhochschule in Schwäbisch Gmünd. Während Großmama als gefragte Modellschneiderin schnipselte und nähte, tänzelte ihre Mutter über die Laufstege des ganzen Schwabenlandes. Biggis Schmuckideen und ihre Kreativität werden vom roten und schwarzen Vulkangestein des Atalaya nahe ihrer Atelierwerkstatt inspiriert und mitgeprägt.

Wer einmal die Chance hat, ihr Atelier zu besuchen, wird überrascht sein. Nein, Sie betreten hier keine Folterkammer, auch wenn Sie an diesem Ort sofort an eine solche erinnert werden – Schraubstöcke, Drahtzieher, Pressen, Winden, Bohrer, Feilen und spitze Nadeln! Aber es handelt sich bloß um das sensible Designerwerkzeug einer Goldschmiedekünstlerin.

Abseits Lanzarotes täglichen Rummels und umspielt von den feinen Klängen Mozarts und Chopins genießt die Designerin hier in der Steinwüste des Südens die sie inspirierenden Skulpturen erstarrter Lava und karger Trockenpflanzen. Die Stille und Leere dieser nur scheinbar toten Landschaft bereichert ihre Schaffenskraft immens. Im Lauf der Jahre hat sie sich ihr eigenes Feng-Shui aus Farben und Materialien geschaffen. Auch im Atelier herrscht eine Farbe vor, und die ist mit dem Umschlag-Ton dieses Buches identisch. Für Biggi sind es die mild schimmernden Variationen eines Magmastromes, wie sie oft auch bei Sonnenuntergängen am glühenden Horizont zu sehen sind. Ihr gutes Gefühl für Form und Farbe spiegelt sich auch in der Verarbeitung edler Steine in ihren Kreationen wider.

Besuchern sei geraten, sich auf unkonventionelle Schmuckideen einzulassen und ihren Besuch telefonisch ab 14 Uhr anzukündigen, dann wird sie auch meist ein gut gekühltes Gläschen Cava erwarten.

Adresse 35570 Maciot, Rico Redondo 4 | **Anfahrt** die LZ 702 führt steil von Femés einen Pass entlang direkt zum Kreisverkehr unweit des Ateliers | **Öffnungszeiten** Voranmeldung zum Atelierbesuch unter Tel. 659/077976; jeden Do 14–18 Uhr Ausstellung und Präsentation | **Tipp** Wandern Sie zum Sonnenuntergang einfach mal nach Femés hoch wie die alten Eroberer.

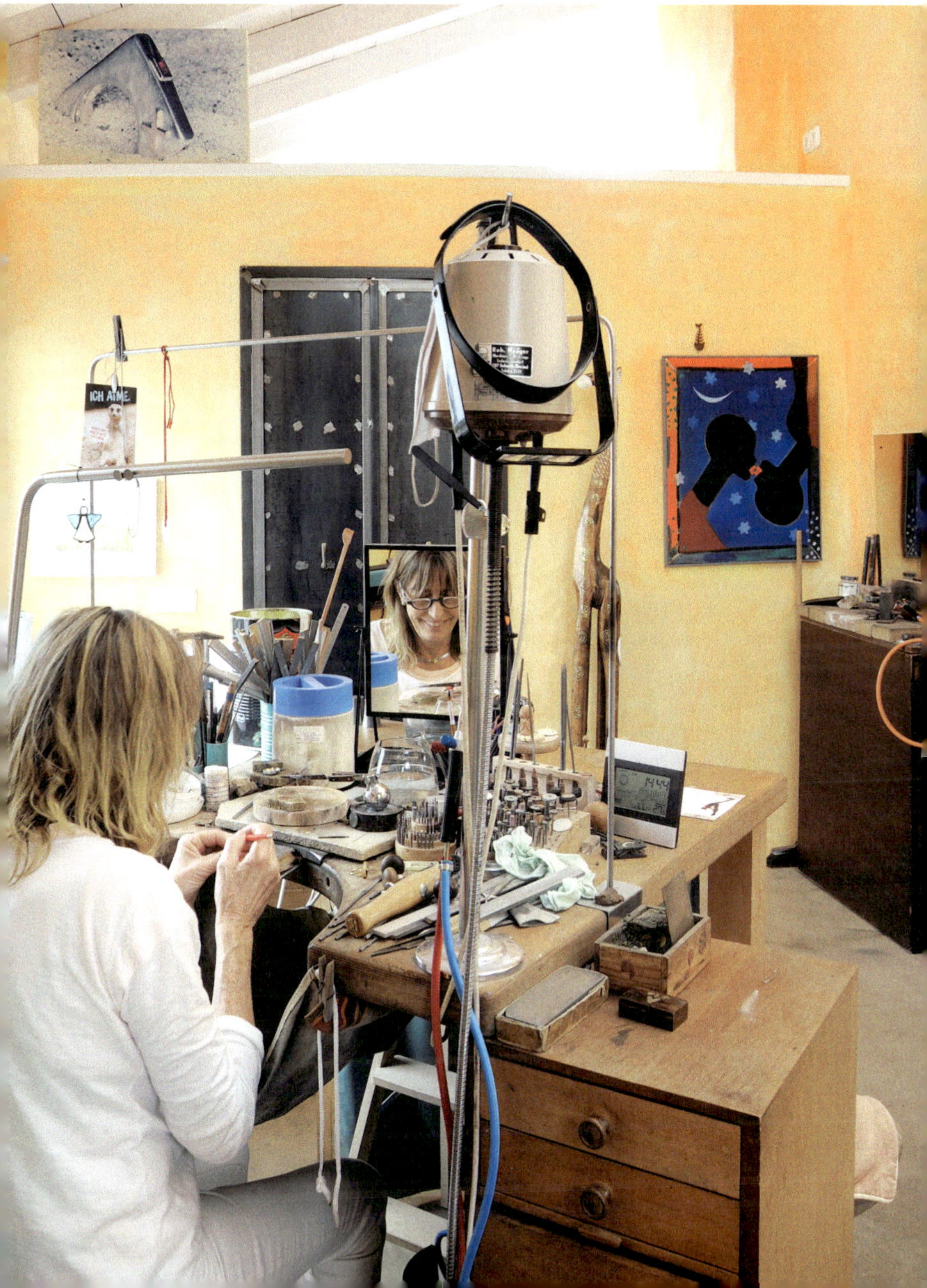

52 Die rot-schwarze Location

Zweifarbiger Steinbruch

Lanzarote ist reich gesegnet und bedeckt mit fast noch frischer Vulkanasche. Nicht nur im schwer zugänglichen Timanfaya-Nationalpark oder im ebenso schwer zugänglichen Trainingsgebiet der zukünftigen Weltraummissionen rings um die Ortschaft von Tinguatón (siehe Ort 60). Im Süden von Lanzarote, in einem rötlich-schwarzen Picón-Steinbruch, liegt das derzeit bequem zugängliche und schönste Tageslicht-Studio für alle angehenden Film- und Modefotografen. Sogar die französische Fashion-Truppe von Yves Saint Laurent und einige internationale Musikproduzenten wussten dies visuell schon richtig gut zu nutzen.

Picón nennen die Insulaner dieses grobe Asche-Granulat, sehr begehrt für Umrandungen von bepflanzten Grünanlagen und Gärten. Hier oben, am Ende der kleinen Häusersiedlung von Maciot, direkt neben der Landstraße, befindet sich einer dieser riesigen Lavahaufen und wird seit Jahren langsam, aber Stück für Stück sehr professionell abgetragen. Einmal in Dunkelrot und ebenso in Schwarz. Viele dieser seltenen Berge sind geschützt, und man sollte nicht einmal daran denken, eine gefüllte Teetasse fürs Wohnzimmer zu Hause mitgehen zu lassen – der Beamte am Flughafen kennt längst alle unerlaubten Souvenirs und Tricks und hat inzwischen eine Null-Spaß-Toleranz. Wer dagegen seine neue Tanga-Collection oder auch nur sein neues Cabriolet ablichten will, ist hier natürlich in der besten Umgebung.

Der Steinbruch gibt einen fotogenen und fast musealen Überblick über den wichtigen Abbau dieses wertvollen Vulkan-Granulats. Am äußersten westlichen Ende außerhalb dieser Steinbruchanlage führt neben der Hauptstraße, die zum kleinen Dorf Las Breñas hinunterführt, eine holprige Piste auf ein Bergplateau hoch, und man kommt bequem zu einer der uralten Abraumhalden. Dort oben kann man noch alte Werkzeuge wie Schaufeln, riesige Siebe und Sortiermaschinen bewundern, mit denen einst das Rohmaterial abgebaut und zur Weiterverarbeitung vorbereitet wurde.

Adresse Steinbruch von Maciot, 35570 Maciot | **Anfahrt** die Straße nach Las Breñas unübersehbar neben Kreisverkehr, 100 Meter weiterfahren und dann die Piste rechts hochfahren | **Tipp** Ein Spaziergang Richtung Las Breñas, zum »Wunder von Bern«: Hier liegt er, Lanzarotes schönster und entlegenster Fußballplatz, fast wie im Film von Sönke Wortmann.

53 Adams und Evas Strand

Die Nackten von Palo

Eine kurze Kulturinfo für die jüngeren Leser über eine nostalgische Bade- und Schwimmangewohnheit: Früher zog man sich manchmal splitternackt aus, hauptsächlich in den östlichen Ländern Europas, um meistens an wenig bewohnten Stellen, einsamen Buchten oder Stränden nackt zu baden. In der Hippiezeit der 60er schwappte dieser Kult auf die Kanaren über und gehört bis heute auch an bewohnten Ecken einiger Urlaubsziele anscheinend dazu. Man nannte dieses Revier dann »Nudisten-Paradies«. Der Begriff der Stunde hieß damals freie Körperkultur – kurz FKK – und war alles andere als ein Fußballverein.

Während Nacktbaden bei Smartphone-, IT- und Digital-Jüngern meist völlig unbekannt ist, scheint es aber immer noch diese ältere Spezies der FKK-Anhänger aus den 60ern zu geben. Mann und Frau fühlten sich einfach wohler, wenn sie unter sich nackt herumliefen. Man stellte sich einfach ungeniert an die Rezeption, an die Supermarktkasse und auch ans Büfett, Letzteres eine der geschmackloseren Entgleisungen im Urlaubsgebiet. Heute unvorstellbares und absolutes No-Go – denkt man.

Hier im Charco de Palo, einem sehr schönen Abschnitt der Ostküste, war Nacktbaden und -Herumlaufen schon immer legal, FKK ist bis heute quicklebendig und aktuell – aber hauptsächlich bei Besuchern im fortgeschrittenen Alter. Der Reiseveranstalter Oböna-Reisen unternahm schon vor Jahrzehnten seine Touren hierher. Man sieht den vielen neuen Bungalows mit tadellos begrünten Vorgärten an, dass dieser Badekult seit Langem besteht. Dabei war Nacktbaden an Spaniens Stränden früher riskant, von Einheimischen absolut nicht gern gesehen und auch nicht erlaubt. Als dann 1975 endlich Regierungschef Franco nicht mehr da war, wurde auch von der Guardia Civil meistens ein Auge zugedrückt, wenn man mal wie Adam und Eva umherlief. Selbstverständlich sollte man hier nicht fotografieren und die Badenden respektieren, sonst gibt es Ärger.

Adresse 35523 Mala, Charco de Palo | Anfahrt LZ 1 am Ortsende von Mala, weiter dem Schild Charco de Palo folgen | Tipp Das Castillo de Papagayo bietet einen Lavatunnel am Meer mit seitlichem Einstieg und eine Unterkunft direkt an den Klippen (50 Appartements).

54 Die Bühnen-Sensation

Das unbekannte Freilichttheater

Lange haben wir uns überlegt, ob wir den Ort überhaupt verraten. Denn eines ist gewiss, diese Stelle kennen nur wenige Inselbewohner. Nein, hier oben wurden nicht die großen Steinblöcke zum Bau der frühen Cheops-Pyramiden herausgeschnitten und dann verschifft, was sicher der allererste Eindruck ist.

Die gigantische Abbaustelle liegt versteckt, etwas abseits der bewohnten Gegenden. Versperrt und eigentlich auch vor Google Earth und Drohnen gut getarnt. Sie ist so sensationell, so schön und ungenutzt, dass wir den Grundstein für eine zukünftige kulturelle Nutzung ganz im Sinne Manriques durch diese Veröffentlichung sogar anregen wollen. Beim Betreten wird man sofort an die ägyptischen Grabmäler und Ausgrabungen erinnert. Auf der spanischen Baleareninsel Menorca liegt das fast haargenau gleich große Schwestern-Objekt. Nur ist die Gesteinsfarbe dort sehr hell, fast weiß, während hier die Schnittmuster im Vulkangestein ins Dunkelrötliche gehen. Zu hart, um wie das schwarze Picón-Granulat herausgeschabt und weggebaggert zu werden. Deshalb sieht man auch deutlich ein meterlanges Wasserzufluss-Rohr zur Kühlung des Diamant-Schneiders und der großen Metallsägen. Die Blöcke wurden früher so präzise herausgeschnitten, senkrecht Block für Block, und anschließend für viele öffentliche Gemeindebauten verwendet. Schnittmuster, Abbau-Alter, Größe, Tiefe des Steinbruchs und Form folgen demselben Muster wie auf Menorca. Man hat hier wie dort wuchtige Steinblöcke für Großprojekte herausgeschnitten.

Auf Menorca hat man den gigantischen Steinbruch nach Stilllegung sofort intelligent für Freilicht-Aufführungen, Theater und Konzerte genutzt. Man gründete einen Verein, bekam staatliche Unterstützung und hatte sein faszinierendes Insel-Highlight praktisch umsonst, musste nur das Gelände absichern, für Bestuhlung und Bühnen sorgen, und fertig war das gigantische Amphitheatrum.

Adresse 35534 Mala | Anfahrt direkt bei der Tankstelle in Richtung Guatiza, Landstraße rechts abbiegen und Richtung Montaña Tinamala zu Fuß weitergehen | Tipp Gegenüber auf der anderen Straßenseite liegt ein weiterer stillgelegter Steinbruch, diesmal sichtbar und leicht begehbar.

55 Die Höhlen zum Verlaufen

Die Cueva de los Verdes

Der noch immer nur teilweise erforschte 7,5 Kilometer lange Vulkan-Tunnel ist Lanzarotes Geo-Erbe der glutheißen Lavaströme vor mehreren tausend Jahren. Und er galt lange Zeit als längster begehbarer Lavastrom der Welt, zurzeit ist dies der Cueva de Vientos auf Teneriffa mit 15,5 Kilometern und einige begehbare Tunnelröhren auf Hawaii und in Australien.

Vom Vulkan Monte Corona strömten diese unterirdischen Metrobahnen während der Ausbrüche vor 3.000 bis 5.000 Jahren bis ins Meer abwärts. Entstanden ist das lange Grottensystem, als der obere Magmafluss mit der kälteren Inselluft in Kontakt kam und anschließend erkaltete. Im Inneren dieser versteinerten Röhre floss nun der restliche heiße Lavastrom weiter bergab Richtung Küste, oftmals mit mehreren Stockwerken, und hinterließ am Ende diese spektakulären Tunnel und »Kathedralen«. Viele Decken sind im Lauf der drei Jahrtausende eingestürzt und ermöglichten so den Altkanariern, sich hier vor den Überfällen der Piraten zu verstecken. Die Cueva de los Verdes wurde nach der Familie Verdes benannt, die sich hier verbarrikadierte. Die Höhlen wurden erst in den 60er Jahren auf etwa zwei Kilometern für Besucher freigelegt. Sie sind heute durchgehend sensibel beleuchtet und befestigt.

Die 90-minütige Kriech-Tour wird von New-Age-Kompositionen und der Musik von Brian Eno oder Andreas Vollenweider begleitet. Eine kleine Treppe führt in ein Auditorium, in dem regelmäßig Gitarren- und klassische Konzerte stattfinden. Jahreshöhepunkte bereits im Frühjahr sind die Musik-Events »Classico de Canaria« – eine seltene kanarische Konzertreihe mit geladenen Weltstars, sofern sie Zeit haben.

Das unterirdische Reich galt lange als größtes Höhlensystem der Welt, bevor man dann in Vietnam die Riesenhöhlen entdeckte. Aber Lanzarotes Höhlen sind noch lange nicht vollständig erforscht …

Adresse Cueva de los Verdes, 35520 Haría, Straße von Arrecife nach Órzola | **Anfahrt** von Jameos del Agua führt die schmale LZ 204 direkt zum nahe gelegenen Höhlen-Parkplatz | **Öffnungszeiten** täglich 10–18 Uhr; Juli, Sept. 10–19 Uhr, Musik-Events: www.musicanarias.com | **Tipp** Bleiben Sie auf den befestigten Straßen und Wegen, sonst brechen Sie – vielleicht – in eine der vielen unsichtbaren Lavaröhren ein. Aktuelle Entdeckung: Mehrere hundert Meter tief soll ein See liegen, der sich in den vergangenen Jahrtausenden gebildet hat.

56 Die Konzerte im Untergrund

Jameos del Agua und die Lava-Philharmonie

Beim Ausbruch des Monte Corona vor etwa 3.000 Jahren floss ein sieben Kilometer langer Magmastrom Richtung Meer und schuf ein unglaubliches Höhlen- und Grottensystem. Den Túnel de la Atlántida, wie ein Bruchteil genannt wird, entdeckte kein anderer als César Manrique, der hier sein Hauptwerk schuf.

Einige dieser Höhlen wurden jahrzehntelang als bequemer Müllabladeplatz benutzt. Jahrhunderte davor versteckten sich Einwohner vor den Piraten. Seit 1987 tauchen hier Unterwasserforscher, neueste Tauchtechniken haben gerade ermöglicht, dass man auch Vertreter aus dem Tierreich der Steinzeit gefunden hat. Also ist die Tierwelt doch genauso gut erforscht wie die Millionenzahl der Touristen, die jedes Jahr hierherströmt und in Manriques unterirdischem Konzertsaal feiert und brav zuhört. Aber am frühen Abend flacht der Besucherstrom immer ab, und am Wochenende machen viele Bustouren Pause.

Zusätzlich zum Tagesbesuch sollte man sich unbedingt den abendlichen Konzertbesuch im Auditorium gönnen. Sie haben inzwischen eine breite Auswahl, von klassischer Musik bis hin zu Jazz, von elektronischer Avantgarde bis zum stürmischen Flamenco-Auftritt. Und natürlich diversen Techno-Festivals.

Außerdem kann man gar nicht oft genug erwähnen, dass Besucher keinerlei Münzen in den kleinen Lagunen-See werfen sollten. Die giftigen Metalle töten die Höhlenbewohner und müssen regelmäßig umständlich entfernt werden. Neben dem Haupteingang oben versucht eine in die Jahre gekommene, renovierungsbedürftige Interpretationshalle, interessierten Besuchern die Vulkanologie der Insel etwas zu erklären. Seismografische Messstationen wachen hier präzise wie auch an einigen anderen Ecken der Insel über mögliche kleine Unruhen tief im Inneren der Insel. Schwer vorzustellen, dass vor Jahren eine spanische Hotelkette hier bauen wollte.

Adresse Jameos del Agua, 35520 Haría, Carretera Arrecife–Órzola | Anfahrt LZ 1 Richtung Órzola, dann der Beschilderung folgen | Öffnungszeiten täglich 10–18.30 Uhr, Di, Sa auch 19–0.30 Uhr, letzter Einlass 23.45 Uhr | Tipp Auch wenn Sie von Jameos del Agua überwältigt sind, nehmen Sie sich bitte Zeit für den Besuch des Forschungszentrums Casa de los Volcanes.

57 Das Wasserreservoir am Hang

Sehenswert und leicht zugänglich

Ganz Spanien besitzt weit über 1.000 große Staubecken – mit und ohne Wasser, versandet oder vertrocknet. Über 100 davon sind auf dem Kanarischen Archipel zu besichtigen und zu bestaunen. Viele sind sehr versteckt und oftmals auch schwer zugänglich, einige kann man ziemlich einfach finden, und die meisten sind auch eine kurze Wandertour wert.

Hier auf Lanzarote liegt eines dieser ehemaligen lebenswichtigen Reservoirs und ist bereits weithin von der neuen Schnellstraße aus sichtbar. Fahren Sie die LZ 1 von Arrecife einfach Richtung Órzola, und nach dem Ort Mala bei Kilometer 40 parken Sie. Wandern Sie von dort aus Richtung untere Staumauer die enge Schlucht hoch – Sie werden es sicherlich nicht bereuen. Die andere Möglichkeit ist, direkt eine Piste links nach der Highway-Abfahrt mit dem Auto so lange hochzukurven, bis Sie durch den ausgetrockneten, aber dafür wild begrünten Stausee entschädigt werden.

Man erkennt oben zuerst, wie der vergangene Winter war: niederschlagsreich oder einfach trocken. Ein wahres, unberührtes Tierparadies liegt vor Ihnen. Und warten Sie einfach mal ab, wer hier alles nach einer gewissen Zeit noch auftaucht und nach Vitaminen sucht … Eine ziemlich steile Steintreppe führt nur wenige Stufen abwärts in Richtung eines dunklen Eingangs zu einer Art Zwischengeschoss der Staumauer. Wer keine Platzangst verspürt, kann hier wirklich in die dicken Mauern eintauchen und einmal James Bond spielen – Sie müssen ja nicht gleich von der Kante herunterspringen. Und wenn doch, dann nur mit dem Drachenflieger. Eine Filmlocation der besonderen Art, ganz ohne Security.

Und wenn Sie genug Stausee-Luft geschnuppert haben, fahren Sie die holprige Piste einfach weiter hoch in Richtung der weit sichtbaren Windräder und zum höchsten Punkt der Insel, dem Peñas del Chache.

Adresse Staudamm Mala, 35534 Mala | Anfahrt auf der LZ 1 von Arrecife einfach Richtung Órzola und nach dem Ort Mala bei Kilometer 40 Richtung Berge zum Staudamm abbiegen | Tipp In der Calle Villa 9 können Sie in der Cantina de Mala nicht nur gut vegetarisch essen, sondern fühlen sich auch als Veganer bei Livemusik und an der Tapasbar sehr wohl.

58 Die Ermita de los Dolores

Rettung vor der Lava

Im September 1730 öffnete sich ohne Voranmeldung gleich an mehreren Stellen in der Gegend um die berühmten Feuerberge (siehe Ort 59) die Erde, es brachen insgesamt 31 Vulkane aus. Was folgte, waren sechs Jahre Dauerbefeuerung in dieser Gegend – mit glühend heißer Asche von oben und ebenso gefährlichen Magmaflüssen ebenerdig. Kurz vor Schluss dieses Desasters am 16. April 1736 bewegte sich noch mal ein heiß glühender Brei aus der Caldera Quemada in Richtung Mancha Blanca und Tinajo.

Die tapferen und mutigen Lanzaroteños pilgerten jedoch diesem dampfenden und rauchenden Unheil mutig und frech entgegen, von dem man damals nur wusste: staunen und beten ja, aber bitte bloß nicht anfassen. Vorneweg trugen sie ihre Statue »Virgen de los Dolores«, die »Jungfrau der Schmerzen«. Dann rammten sie ein Holzkreuz in die Lava. Bis hierher und bitte nicht weiter! Prompt wurden sie erhört, der langsam fließende Magmastrom stoppte genau da, wo Sie heute mit Ihrer Selfie-Kamera stehen. Ein Wunder war geschehen. Und dieses einfache, drei Meter hohe Holzkreuz kennzeichnet seit Jahren die markante Stelle, wo das Unheil abrupt zum Stillstand kam. Sämtliche Ackerflächen und das Dorf wurden verschont. Zum Dank für den Beistand der heiligen Mutter sollte gegenüber eine Kirche errichtet werden. Diese entstand jedoch erst 40 Jahre später. Die Legende berichtet, dass Maria die Menschen wiederholt an das Versprechen erinnerte, ansonsten würde es noch mal so richtig krachen. 1781 stand die Kirche dann endlich.

Heute gibt es hier jedes Jahr im September einen (inzwischen umbenannten) historischen Fußmarsch mit Marienprozession: Jetzt nennt man ihn »Zu Ehren unserer lieben Señora der Schmerzen«. Inzwischen mit Schwerpunkt Gesang und Getränke, aber ohne Feuerwerk.

Adresse 35660 Mancha Blanca/Tinajo, Ermita de los Dolores | Anfahrt LZ 67 im Zentrum von Mancha Blanca verlassen, die LZ 46 führt Sie direkt zum Wallfahrtskreuz mit Kirche | Tipp Direkt gegenüber der Kirche liegt die kleine, unscheinbare Bodega Reymar, hier gibt's guten Wein aus Eichenfässern.

59 Die Lavastege

Architektur mitten im Lavafeld

Außerhalb des nördlichen Rands des Nationalparks Timanfaya liegt links eines der außergewöhnlichsten Informationszentren der gesamten Kanaren. Bestnoten erhält nicht nur der spanische Architekt Alfonso Cano Pintos, sondern vor allem die Lage und der Inhalt dieses weißen Gebäudes. Pintos wollte die Mondlandschaft »visuell nicht verschmutzen« und schuf aus Waschbeton, Corten-Stahl und weißen Mauern ein modernes Gebäude-Ensemble, das bis heute nicht verändert wurde und gleich mehrere Funktionen erfüllt.

Primär sollten die Besucher unkompliziert über diesen Nationalpark informiert werden sowie auch über alle vergangenen und derzeitigen Vulkantätigkeiten auf der Erde. Ein Kinoraum wurde deshalb ebenso integriert wie ein Erdbeben-Erlebnisraum. Hier liegt ein Must-go für alle Schulklassen, und zum Glück ist es kein regulärer Stopp für Touristenmassen. Wer hierherkommt, interessiert sich für Vulkanausbrüche. Man hat fast immer genügend Zeit, auf allen Knöpfen herumzudrücken und die Erklärungen durchzulesen. Aber das Beste vom Zentrum liegt außerhalb dieser Informationsräume.

Der Architekt ermöglicht es den Besuchern, mittels eines Stegs, einige Meter über die erkalteten Magmafelder zu laufen und eins zu werden mit der Landschaft. Oft wird dieses Highlight gar nicht von den Besuchern entdeckt, da viele sich mit den Faszinationen der ineinander übergehenden Räume beschäftigen und den Ausgang deshalb kaum bemerken. Wer diesen gesamten Komplex nicht erforscht hat, hat Lanzarote nicht richtig erlebt und kaum verstanden. Denn in den meisten Reiseführern wird der Ort nur flüchtig und oberflächlich erwähnt. Dafür hat es das einsam gelegene Bauwerk bereits im Jahr 2000 in das international renommierte Architekturbuch »Zeitgenössische Architektur« als einer der ganz wenigen kanarischen modernen Bauten geschafft.

Adresse Centro de Visitantes e Interpretación de Mancha Blanca, 35660 Tinajo | Anfahrt direkt an der LZ 67, 1,5 Kilometer nach dem Nationalpark und zwei Kilometer vor Mancha Blanca | Öffnungszeiten täglich 9–16 Uhr; Eintritt frei | Tipp Vergessen Sie vor lauter Knöpfedrücken nicht, vor dem Museum bei einigen Bauern Weintrauben, Melonen und Tomaten zu kaufen.

60 Das Mars-Trainingscamp

Prominenter Zukunftsort der ESA

Wer im November 2018 zufällig durch die Vulkanlandschaft in der Nähe von Tiagua wanderte und sein Fernglas bei sich hatte, erkannte am Horizont merkwürdige Astronauten-Gestalten mit Geräten umherschreiten. Aber hier wurde keineswegs ein neuer Hollywood-Blockbuster gedreht – viel interessanter, es waren echte Astronauten, die sich für die zukünftigen Mars-Missionen schon mal vorbereiteten. Seit einigen Jahren wird hier wieder eifrig geforscht und getestet. Mit dabei war 2018 der Deutsche Matthias Maurer, der Russe Sergey Kud-Sverchov und der amerikanische ESA-Experte Aidan Cowley sowie Jahre zuvor unsere deutschen Weltraum-Profis Alexander Gerst und Thomas Reiter. Sie alle waren begeistert von der ziemlich realen Mars- und Mond-Situation hier auf der Oberfläche Lanzarotes. Der Spruch der Woche war hier berechtigterweise deshalb »Verde es verde« (Grün ist grün) und nicht wie bei den anderen Mars-Simulationen »Orange ist orange«.

Bei NASA und ESA hat die Insel längstens einen guten Ruf und steht wie früher die bayerische Kleinstadt Nördlingen – dort gab's vor vielen Millionen Jahren mal einen satten Kometen-Volltreffer – seit Jahrzehnten als Trainingsrevier ganz oben auf der Liste. Schon vor der ersten Mondlandung 1969 war man auf Lanzarote aufmerksam geworden und konnte fast völlig unbemerkt hier herumforschen und testen. Dann war erst mal lange Zeit wieder Ruhe mit den außerirdischen Raumfahrern, und die Insel konnte sich einigen spannenden Kinohits als Filmkulisse voll widmen. Von der mondähnlichen Gegend und den Höhlen war auch schon »Boot«-Regisseur Wolfgang Petersen 1985 so begeistert, dass er dort seinen Science-Fiction-Film »Enemy Mine« mit Hollywoodstar Dennis Quaid und dem ehemaligen Bundestagsabgeordneten Charles Muhamed Huber drehte (bekannt aus der Langzeit-Serie »Der Alte«).

Achten Sie bei einem Besuch unbedingt auf Ihr Schuhwerk! Immer hohe Stiefel oder Moonboots tragen!

Adresse 35660 Mancha Blanca; die ganze Gegend um Mancha Blanca/Tinguatón beziehungsweise Tinajo, aber immer schön außerhalb vom Nationalpark bleiben – sonst wird's teuer | **Anfahrt** ins riesige Trainingsgebiet führen die LZ 67, LZ 56 und LZ 46 | **Tipp** Der deutsche Künstler Christian Honerkamp schlug gleich in der Nähe seine Zelte auf und veranstaltet jeden Sonntag in seinem Maler-Atelier ein Haus der offenen Tür von 14 bis 18 Uhr (Mancha Blanca, Tinguatón 19).

61_Der älteste Mirador

Fünf-Sterne-Blick auf Atlantis

Dieser Aussichtspunkt dürfte der älteste der östlichen Kanaren sein. Schon die Ureinwohner hielten hier weit vor Christi Geburt Ausschau nach fremden Eindringlingen. Jahrhunderte danach wollten die Guanchen wissen, wer ihnen an den Kragen und sie versklaven wollte. Dann verkrochen sie sich erst mal für längere Zeit in ihre Lavablasen und Höhlen. Und tauchten erst wieder auf, wenn der Chef grünes Licht gab.

Der erste dokumentarische Bericht stammt vom Italiener Lancelotto Malocello aus dem Jahr 1312. Er hatte auch die erste Seekarte von den ganzen Inseln zeichnen lassen, die in diversen Bars noch heute als Kopie hängt – ganz ohne Google Earth und GPS angefertigt. Von der katalanischen Eroberung zwischen 1402 und 1493 wird man als Lanzarote-Reisender inzwischen gelesen haben. Neuere Funde belegen, dass es hier schon im 10. Jahrhundert Besiedlung gab. Wikinger, Römer und Phönizier waren alle gute Seefahrer und haben hier auf den Kanaren vor allem nach zwei Rohstoffen gesucht: dem purpurnen Orseille-Farbstoff, der an Küstenhängen in die Brandung wuchs, und Thunfisch, aus dem Garum, eine Fischsauce zum Würzen, gewonnen wurde. 1964 wurde eine Amphore vor Graciosa gefunden – direkt unterhalb dieses Miradors.

Das Interesse der Amerikaner an Marokkos Küste ließ die Spanier 1898 genau hier die Batería del Norte bauen, einen strategisch wichtigen Militärposten. Im Ersten und Zweiten Weltkrieg diente diese Aussicht dann als Artilleriestellung, bevor Manrique 1973 sein schönstes Werk schuf: Etwa 470 Meter hoch an der Steilklippe zur Meerenge El Río integrierte man sensibel dieses einzigartige, gläserne Panorama-Restaurant. Auch von der Außenplattform sieht man auf den Chinijo-Archipel und kann von der versunkenen Stadt Atlantis träumen. Die Älteren erinnern sich noch an die hier 1978 gedrehte James-Krüss-Verfilmung von »Timm Thaler« mit Tommi Ohrner und dem Bösewicht Horst Frank.

Adresse Mirador del Río, 35500 Lanzarote, Carretera de Yé s/n | **Anfahrt** zur nördlichsten Ecke Lanzarotes, die LZ 10 ab Haría, dann die 201 nehmen | **Tipp** Parken Sie auf dem Mirador-Parkplatz und gehen Sie auch einmal die enge, asphaltierte Straße entlang abwärts, nach jedem Schritt wird der Blick auf die Inselgruppe spektakulärer. Autofahrer sollten sich an das Schritttempo halten – sonst droht der freie Fall in die Tiefe.

62__Lagomar

Das Haus des Doktor Schiwago

Der Name, der auf der Insel nach Manrique am meisten genannt wird – zumindest in einer Radio-Werbung –, ist Omar Sharif. Die Filmlegende war im Jahr 1973, wie einige seiner berühmten Kollegen später, für Dreharbeiten auf Lanzarote. Er drehte hier den Jules-Verne-Film über Kapitän Nemo »La Isla Misteriosa«. Er verliebte sich prompt in die Vulkaninsel, schätzte bestimmt die Nähe zu seinen Vorfahren und konnte sich hier einen alternativen Wohnsitz zum verregneten London gut vorstellen. Angeblich kaufte er sich während der wilden Drehtage dieses Grundstück samt Haus im kleinen Ort Nazaret, neben einem roten Steinbruch inmitten der Insel – und war es umgehend wieder los. Der spielsüchtige und oft verschuldete Ägypter soll das ganze Objekt beim Bridge-Spiel schnell wieder verzockt haben.

Die ganze Story um Sharifs Lagomar-Abenteuer war erfolgreicher als sein hiesiger Abenteuerfilm und würde genug Stoff für eine Auswanderer-TV-Serie bieten. Die letzten Zeitzeugen und Statisten sind inzwischen längst verstorben, lediglich einige Fotodokumente und das historische Filmplakat existieren noch. Bereits in den 60er Jahren war Lanzarote als Dreh-Location bei einigen Hollywood-Produzenten im Gespräch und ist neuerdings wieder Kulisse vieler großer Produktionen.

Aus »Sharifs One-Minute-Haus« entstand nach Plänen des Architekten Jesús Soto, einem Freund César Manriques, das heutige Lagomar Restaurant, inmitten einer roten Fels- und einer türkisblauen Pool-Landschaft. Ein kleines Museum erklärt auch dem weniger informierten Neuankömmling, wer diese Filmlegende war. Aber eigentlich ist hier der ideale Ort für etwas versnobte Trendsetter und Insel-Träumer, um sich zum Cocktail-Lunch und anschließenden Heiratsantrag zu treffen. Besuchen Sie das ganze Gelände mit dem Restaurant erst in den Abendstunden – dann wird's wirklich romantisch wie bei Omar Sharif. Danke, Doktor Schiwago!

Adresse Lagomar, 35539 Nazaret, Calle los Loros 2, Tel. 928/845665 | **Anfahrt** die LZ 10 führt von Tahíche direkt an Nazaret vorbei, rechts an der Abbiegung Richtung neue Urbanisation dem Lagomar-Schild folgen | **Öffnungszeiten** Di–So 12–23 Uhr | **Tipp** Ein Spaziergang zur Urbanisation Oasis de Nazaret lohnt sich nur, wenn Sie ein zweites Zuhause auf Lanzarote suchen.

63 Der Beach der Götter

Picknick-Oasen, so weit das Auge reicht

Wer die östliche Küstenstraße Richtung Norden bis zum Ende durchfährt, erreicht irgendwann Órzola beziehungsweise Caletón Blanco. Und dann findet man die besten Picknickplätze der Insel, versteckt hinter jedem Steinhaufen und vor der meist milden Brandung. Ein wahres Picknick-Paradies und nur an Feiertagen und an Wochenenden belegt. Dazwischen schon mal Notlandeplatz für abgetriebene Gleitschirmflieger. Aber die kommen ja meistens von oben, und man sieht sie auch rechtzeitig. Ihr eigentlicher Landeplatz liegt etwas entfernt von der Küste, aber es ist immer ein tolles visuelles Erlebnis, sie beim Soaren und Gleiten zu beobachten – vor allem nach dem Start, wenn sie sich 500 Meter weiter oben vom Famara-Bergkamm herunterstürzen.

Auch Hollywood fand diese zerklüftete Ecke schon mehrmals filmreif und hielt die surrealen Felsenkliffs in »Kampf« und ebenso in »Zorn der Titanen« fest. Einige Jahre bevor der deutsche Regisseur Jophi Ries dann den amüsanten ZDF-Fernsehfilm »Ein Sommer auf Lanzarote« hier oben produzierte.

Über allem wacht der Vulkan Corona, der zuletzt vor 5.000 Jahren rebellierte. Weit am Horizont ragt der östlichste Felsenbrocken Lanzarotes aus dem Wasser, der Roque del Este. Die ganze Gegend hier nennt man übrigens auch Mal País – schlechtes Land. Vielleicht sollte es aber besser heißen: Land, das noch keinen dummen Käufer gefunden hat.

Im Ort selbst fährt ab 8 Uhr früh fast stündlich die Fähre von Líneas Romero nach Graciosa (siehe Ort 31). Doch wer leicht seekrank wird, sollte einen Spaziergang zur allerletzten Sandbucht Playa de la Cantería unternehmen. Dann ist Ende. Danach gibt's nur noch den zerklüfteten Felsen. Auch wichtig zu wissen: An der 1.500 Kilometer Gesamt-Küstenlänge der Kanaren sind im ersten Halbjahr 2019 bereits 32 Menschen ertrunken – also bitte vorsichtig sein beim Schwimmen und Selfie-Schießen!

Adresse 35541 Órzola, gehört zur Gemeinde Haría, www.lineasromero.com | Anfahrt die LZ1 führt direkt nach Órzola zu den einsamen Beach-Parkplätzen | Tipp Mieten Sie sich in Órzola ein Rad und fahren Sie von Bucht zu Bucht.

64__Lanzaloe

Goldgräberstimmung mit einer Heilpflanze

Der Siegeszug einer Wunderpflanze hat Lanzarote fest im Griff. Überall wachsen Shops aus dem Erdboden und nennen sich auch »Aloe Vera Museum« oder »Aloe vera Galerie«. Was wird nach der großen Vermarktung der Aloe-vera-Pflanze und der Kakteen-Feige in diesem Jahrtausend wohl noch so alles auf der Insel auftauchen? Vielleicht warten die üppigen Agaven-Felder hier längst darauf, dass man aus ihnen endlich einen guten Schnaps brennt, wie es in Mexiko üblich ist?

Schwarze Schafe unter den Aloe-vera-Produzenten sind weitgehend verschwunden, da heute überall weitestgehend kontrolliert wird. Sehenswerte Ausstellungs- und Verkaufsräume bestimmen an jeder Durchfahrtsstraße oder größerem Einkaufszentrum das Aloe-vera-Image. Genauso wie die neu hinzugekommenen grünen Anbauflächen.

Die Aloe vera ist keine Kaktuspflanze, wie viele noch glauben, sondern eine Lilienart. 2000 v. Chr. stand der Name bereits auf Tontafeln, um Dämonen zu vertreiben. Nofretete und Kleopatra hatten die Heilpflanzen immer auf Reisen dabei. Kreuzritter benutzten die Stacheln zur Akupunktur – wenn sie mal Zeit hatten. Pfarrer Kneipp und Anthroposoph Steiner waren sowieso begeistert.

Heute muss man nach den Produkten weder im Supermarkt noch im Billig-Shop greifen. Suchen Sie sich ein gutes Aloe-Zentrum wie hier in Órzola aus. Die wichtigsten auf der Insel seien hier kurz aufgeführt: Es gibt Aloe Vera Lanzarote in Yaiza an der breiten Durchfahrtsstraße, in La Santa das Aloe Vera Info-Center, Avda. de los Molineros, in Haría/Yé das Aloe Vera Fresca in der Calle Francesca und in Playa Blanca den Aloe Vera Outlet Shop, direkt gegenüber vom Ärztezentrum Dr. Mager. In Teguise Aloe Vera Fresca, an der Calle los Loros und in St. Bartolomé Aloe Vera Canarias, Avda. de Tiranjana. Das müsste vorerst für Ihre Schönheit reichen!

Adresse Lanzaloe, 35541 Órzola, Calle Quemadita 96, Tel. 928/362258, www.lanzaloe.com | **Anfahrt** die LZ 1 nach Órzola fahren und in der Ortsmitte Richtung Mirador del Río die LZ 203 weiterfahren | **Öffnungszeiten** Mo–Sa 10–18, So 10.30–16 Uhr | **Tipp** Entdecken Sie ringsherum die kleinen Weingüter, die sich in den letzten Jahren dort angesiedelt haben, und probieren Sie auch mal die Ergebnisse. Sie werden sicher erstaunt sein.

65_Adolfo Areizagas Studio

Die Welt der Tiefe

Wer einmal tiefer geschnorchelt ist und fotografiert hat, kann erahnen, wie farbenfroh und seltsam utopisch die Unterwasserwelt dort ist. Mit seinen großformatigen Gemälden präsentiert der gebürtige Baske Adolfo Areizaga genau diese Bilderwelt in seinem Atelier in Playa Blancas Ortsteil Colorada – dort wo einst Lanzarotes wilde Baulust rigoros gestoppt wurde. Sein Atelier und Verkaufsraum liegen nur wenige Gehminuten von den fünf unberührten Papagayo-Buchten und Stränden entfernt (siehe Ort 30). Lange in Vergessenheit geraten ist, dass hier im Jahr 1965 der spätere Hollywoodstar Raquel Welch Dinosaurier jagte – aber nur im Film.

Nach einem dreijährigen Arbeitsaufenthalt in Brasilien kehrte Adolfo wieder gern auf seine Insel zurück, um weiter mit der Malerei zu experimentieren. Man merkt all seinen Bild-Sujets und Objekten an, dass er nicht in einer Großraumsiedlung von Barcelona zu Hause ist, sondern nahe am Wasser lebt. Areizaga wurde in der baskischen Provinzhauptstadt San Sebastián geboren. Zu malen begann er bereits mit fünf Jahren. Und schon als Jugendlicher zog es ihn auf die Kanarischen Inseln. Heute plant und entwirft er zu seinen gemalten Großformaten noch Größeres. Er konzipiert und malt jetzt die sogenannten »Murales« auf Mauerflächen – für öffentliche Gebäude, Plätze, Rondells und Foyers sowie für den privaten Patio (Innenhof). Hier orientiert er sich natürlich an seinem großen Vorbild Manrique, dessen bedeutendster Wand-Entwurf ja einst den Flughafen bei Arrecife aufwertete (siehe Ort 14). Viele der kubistischen Unterwasserwesen Areizagas sind neuerdings auch im Restaurant »Costa Azul« in El Golfo zu bestaunen (siehe Ort 24).

Konsequent arbeitet Areizage jeden Vormittag in seinem geräumigen Atelier im Coloradas Center und empfängt dort auch interessierte Kunstliebhaber und zukünftige Kunden. Besuchen Sie ihn und bewundern Sie seine farbigen Kollektionen.

Adresse Atelier Areizaga, 35580 Playa Blanca, C.C. Centro Comercial El Pueblo, Las Coloradas, Tel. 666/936023 | **Anfahrt** von Playa Blanca Richtung Urbanisation Las Coloradas fahren und am Coloradas Center parken | **Tipp** Gleich hinter dem Coloradas Center kann man zu den Stränden loswandern – ohne einen Cent Eintritt zu zahlen.

66 Dal Trevisano

Italienisch Essen bei Mamma Alberta

Am hintersten Ende der Playa-Blanca-Siedlung, dort, wo es außer unendlichen Wohnanlagen fast nichts anderes mehr gibt, residieren und servieren Alberta und ihr Sohn samt Familie im Restaurant Dal Trevisano. Jeden Tag, außer Dienstag, wird hier ab Mittag italienisch gekocht – mit Schwerpunkt auf der Region Treviso. Hierher verirrt sich bestimmt kein Reisebus mehr und keine Schickimicki-Szene, nur Liebhaber der echten italienischen Küche und deren Weine und manchmal Hochzeitsgesellschaften. Stellen Sie sich also vorher nicht auf die Waage, lächeln Sie beim Betreten dieses Lokals und flirten mit den Angestellten. Und schon haben Sie den ersten Teil des Besuches gewonnen. Der Kunde ist hier noch König, aber nur, wenn er auch mitmacht.

Alberta kam schon vor vielen Jahren auf die Insel und war eine der Ersten aus dem Berlusconi-Lande, die sich hier eine Existenz aufbauten. Schuften war neben der Kindererziehung angesagt und die mahnenden Worte, dass es außer Wind und Surfen noch wichtigere Dinge hier gibt. Das Resultat kann man im Restaurant entdecken. Heute kontrolliert Alberta den Einkauf und testet öfter mal, was so aus der Küche kommt. Und das sind Kochergebnisse, die manchmal auch Feinschmecker aus den Socken hauen. Wie die DIN-A5 großen Ravioli-Scheiben, gefüllt mit edlen Pilzen – optisch eigentlich ein doppelter veganer Pfannkuchen, wenn man so will. Eigentlich ist man glatt satt bis zum Mittagessen am nächsten Tag. Aber es sollte auch noch ein kleines Dessert Platz haben, bevor man eine Triathlon-Runde drehen muss. Aber überzeugen Sie sich bitte selbst!

Und sprechen Sie mit Albertas Sohn Fabio, wenn in den Medien mal wieder ein Aufreger die Runde macht. Fußball-Niederlagen oder mögliche italienische Brexit-Gedanken dürfen jetzt keine Ausreden sein! Und studieren Sie die Weinkarte mal richtig ausgiebig.

Adresse Dal Trevisano, Calle Irlanda 14–15, 35580 Playa Blanca, Tel. 928/387161 | Anfahrt von Playa Blanca Richtung Leuchtturm Pechiguera fahren, dann kurz weiter in die Urbanisationsstraße | Öffnungszeiten Mo, Mi–So 13–23 Uhr | Tipp Wandern Sie am Ende der Bebauung Richtung Norden und suchen Sie an der Küste die Los Charcones Pools.

67__Die endlose Promenade

Immer am Meer entlang

Warum soll man einen scheinbar endlosen, sieben Kilometer langen Fußweg auf einer Insel empfehlen, mit Start inmitten eines übervollen Touristenzentrums am südlichen Ende dieser Insel? Erstens spiegeln die ersten Kilometer den aktuellen Zeitgeist, Trends und alle Variationen der Generation Smartphone wider. Zudem wird jeder bestimmt seinen eigenen kleinen Lieblingsabschnitt auf dieser Promenade finden. Sein favorisiertes Tapas-Restaurant und den besten Eisladen, seine Lieblings-Backwaren, seinen garantiert tiefgefrorenen oder fangfrischen Fisch, seine trendigen Bademoden oder auch sein neuestes Mobile-Zubehör. Nur nach einem Zeitungskiosk wird man vergeblich Ausschau halten. Das war einmal. Man muss trotzdem einfach diesen Pfad einmal abgelaufen sein. Vom lauten, überfüllten Shopping-Bereich, an dem die meisten Besucher magnetisch hängen bleiben und konsumieren, 365 Tage im Jahr geöffnet, mit Nonstop-Musikberieselung bis zum sehr weit entfernten Bade-Paradies von Papagayo.

Je weiter man diesen Laufsteg entlangstolziert, desto menschenleerer wird er. Irgendwann erreicht man den eleganten Sporthafen Puerto Rubicón, umgeben von weniger überfüllten Restaurants oder Cafés, einschließlich eines öffentlichen Pools zum Relaxen. Die mit Abstand beste Shopping- und Restaurantmeile der Insel. In einem fast klinisch sauberen Zustand – und nie überfüllt, sieht man vom wöchentlichen Samstagsmarkt einmal ab.

Wer noch weiter geht, erreicht irgendwann den Festungsturm, ab dem er dann Richtung Las Coloradas nur noch vereinzelte Spaziergänger oder Jogger trifft. Einziger Begleiter ist immer das Meer in allen Farbschattierungen. Und der weite Horizont mit einer grandiosen Aussicht.

Wer jetzt keinen Bock auf den Rückweg hat, ruft einfach ein Taxi und lässt sich abholen, oder er schwimmt noch eine Runde in der ersten Papagayo-Bucht, bevor es dunkel wird.

Adresse 35580 Playa Blanca, Start des bequemen Fußweges: bereits im Hafengebiet | **Anfahrt** LZ 2, dann zum Start loswandern Richtung Yachthafen Puerto Rubicón und weiter nach Las Coloradas | **Tipp** Bar One, die allererste Bar an der Einfahrt zum Hafen Marina Rubicón – nicht nur für ankommende Segler der intime Treff.

68__Die Kunst im Ärztezentrum

Arzt, Honorarkonsul und Kunstmäzen

Von Norden nach Playa Blanca kommend liegt am zweiten Kreisverkehr unübersehbar das großzügig und modern eingerichtete Ärztezentrum von Dr. Mager, der auch Honorarkonsul für die Bundesrepublik Deutschland auf Lanzarote und Fuerteventura ist. Nicht nur für deutsche Touristen eine Institution! Modernste Diagnostik (einschließlich CT und Tagesklinik), aber auch eine Symbiose aus Kunst und Medizin erwarten Sie hier, die deutlich über Dekoration hinausgeht.

Drei- bis viermal pro Jahr finden Ausstellungen in den Foyer- und Warteräumen statt – ein beliebter Treffpunkt für Residenten und Touristen. Wo, wenn nicht hier können Patienten Farben, Bilderwelten quasi therapeutisch auf sich wirken lassen, bevor Puls und Blutdruck gemessen werden! Internationale Künstler und Fotografen sowie die ansässige Kunstszene stellen hier aus, und man erinnert sich gern an die fast schon legendären Vernissagen und Laudationen und immer an die leckeren Tapas und den berühmten Malvasia-Wein! Längst ein kulturelles Highlight der Vulkaninsel, nicht nur bei deutsch sprechenden Insulanern. Genauso bunt und in Lanzarote historisch verwurzelt ist das attraktive Publikum.

Nebenan befindet sich das Büro des deutschen Honorarkonsuls, zuständig für Lanzarote und die 15 Kilometer entfernte Nachbarinsel Fuerteventura. Hier kann man unter anderem als Deutscher seinen Pass erneuern lassen und sich somit eine Reise nach Las Palmas ersparen. Trotz fast nur deutscher Mitarbeiter ist man hier natürlich mehrsprachig. Es gibt übrigens zwei weitere »Praxis-Zweigstellen« von Dr. Mager für die medizinische Versorgung: in Puerto del Carmen und in Costa Teguise. Roland Mager selbst ist seit Studentenzeiten der Kunst sehr zugetan. Als virtuoser Bluesgitarrist bei früher ebenfalls legendären Konzerten der »Kiddies« ist er leider nur noch selten zu hören.

Adresse 35570 Playa Blanca, Avenida El Varadero | **Anfahrt** die LZ 2 endet am Kreisverkehr direkt vor dem Ärztezentrum | **Tipp** Der beste deutschsprachige Radiosender der Insel, Radio Atlantis FM, informiert bei Frequenz 101,7 und 98,0 täglich aktuell ab 8 Uhr über alle Events, Kultur- und Sportveranstaltungen sowie Festivals. Praktisch: Am Parkplatz bei der Praxis ist der beste Ausgangspunkt für eine Tour zu Fuß.

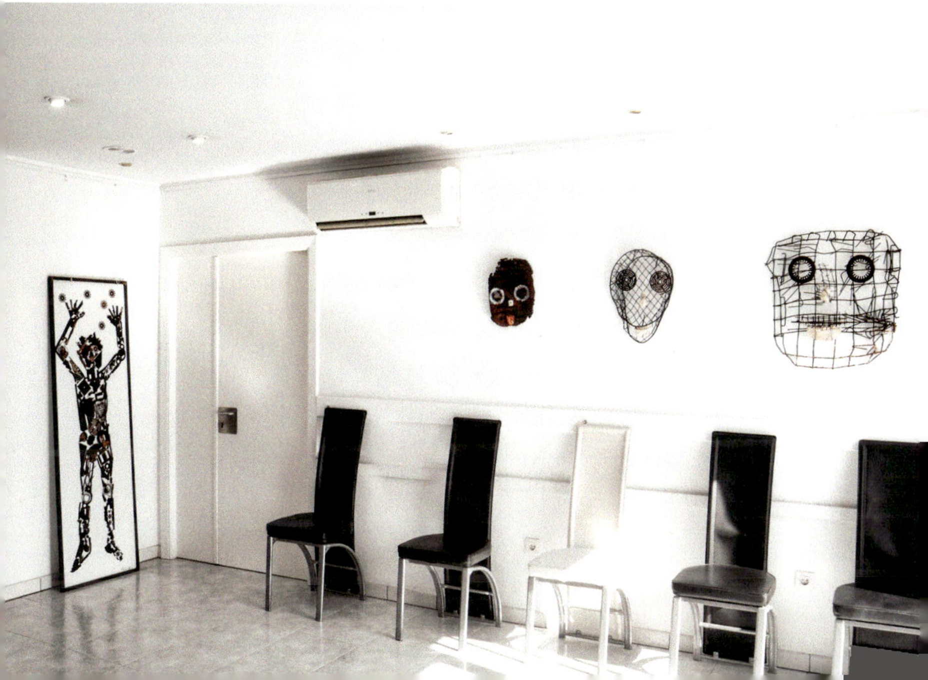

69 Lanzarotes Karibik

An der Punta de Papagayo

Lanzarotes große Traumbuchten liegen alle im südlichen Papagayo-Gebiet. Und damit dies noch lange so bleibt, zahlt man seit 1998 auch eine Gebühr dafür, wenn man mit dem Auto hierherkommen will. Davor war hier wildes Rallye-Testgelände. Schließlich verursachen heute Reinigung und Sicherheit einige Kosten, man will ja dieses Schmuckstück noch recht lange in diesem Zustand erhalten. Es gibt hier keine Tankstelle und keinen Kiosk weit und breit – nur Rettungsringe, die bisher aber kaum zum Einsatz kamen. Das große Baderevier liegt zwischen den windgeschützten Buchten, in denen einst, vor mehr als 400 Jahren, Piraten und Seeräuber unbemerkt an Land gingen – geräuschlos, aber sehr durstig, hungrig und gierig. Vor allem nach Sklaven, die sie aus den Höhlenverstecken »einsammelten«, um sie auf dem Markt zu verkaufen.

Heutzutage kann man zu diesen türkisfarbenen Sandbuchten immer noch wie die Seefahrer bequem per Katamaran hinkreuzen oder per Boot-Taxi hindüsen. Dann den Anker setzen und einfach hinschwimmen oder mit dem Beiboot anlanden. An Feiertagen und Wochenenden ist dies weniger zu empfehlen, dann ist oft Rushhour angesagt. Die Parkplätze sind überfüllt, ebenso ist die einzige Verpflegungsecke, eine uralte Fischerkneipe, die sich natürlich vergrößert hat, voll mit Menschen.

Wer in Playa Blanca wohnt, hat's einfacher, der wandert entspannt die Küste entlang oder fährt mit dem Offroad-Rad. Übrigens ist dies die einzige auf der Insel übrig gebliebene unbebaute Schwimm- und Strandregion.

Sehenswert ist auch die aufgereihte Zelt- und Campingstadt in einer der letzten Bergmulden der Playa Caleta del Congrio – diskret zurückversetzt vom Strand und deshalb auch gerade noch verzeihbar. Ein Überbleibsel des frühen Urlauberansturmes auf die Strände, als es in dieser Gegend, am Südzipfel Lanzarotes, kaum Unterbringungsmöglichkeiten gab.

Adresse Punta de Papagayo, 35580 Playa Blanca | **Anfahrt** LZ 2 von Arrecife aus Richtung Süden nach Playa Blanca und der Beschilderung folgen (Eintritt fällig am Auto-Schlagbaum); zu Fuß kostenlos mit Start am letzten Küsten-Hotel an der Playa de las Coloradas | **Tipp** Wer Lärm sucht und Zeit für den Service hat, setzt sich in das einzige, deswegen gut besuchte Strandlokal.

70 Der Leuchtturm

Wegweiser der Meeresenge

Selten wird dieser Leuchtturm in Reiseführern genauer erwähnt. Zugegeben, es gibt attraktivere auf den Kanaren. Aber wenige, die so viele Geschichten erzählen könnten wie dieser weiße Turm am hintersten Ende der Playa Blanca. Er erlebte die deutsche U-Boot-Flotte im Zweiten Weltkrieg, die neugierig herumkreuzte und kontrollierte – und vielleicht nach mysteriösen U-Boot-Verstecken und möglichen Landeplätzen für Kriegsflugzeuge Ausschau hielt. Kurz danach wurde die Meerenge von Bocaina, wie sie genannt wird, auch als Fluchtroute nach Südamerika verdächtigt.

Das Bocaina-Gewässer, das Fuerteventura von Lanzarote trennt, ist etwa zehn Kilometer breit, aber meistens unter 40 Meter tief, dafür mit starker Querströmung – das marokkanische Gewässer trifft auf den Atlantischen Ozean. Alte Segelschiffe sind hier zu Bruch gegangen, gefunden wurde keines. Man vermutet, dass sie Meilen westwärts abgedriftet und dort tief unterm Sand begraben sind. Mit allen erbeuteten Schätzen.

Die anderen Leuchttürme in diesem kanarischen Bermuda-Dreieck liegen blinkend bei Cotillo an Fuerteventuras Nordspitze und auf der Insel Lobos. Heute haben alle drei eine zusätzliche Aufgabe, sind mit Wärmebildkameras und Radarschirmen ausgestattet und kontrollieren seit einigen Jahren die kaum bewohnten Westküsten beider Inseln – vor allem nach Flüchtlingsbooten. Die Signallichter sind für die fast täglichen passierenden Kreuzfahrt- und Frachtschiffe sowie die regelmäßigen Groß-Container- und Fährschiffe zwischen den Inseln Lanzarote und Gran Canaria ausreichende Orientierung. Denkt man. Trotzdem knallte vor Jahren ein asiatischer Fischkutter wenige Meter vor dem Cotillo-Leuchtturm aufs dortige Riff. Das Seltsame, aber auch Lustige daran für die spanischen Rettungsteams und Medien damals: Außer einer Ladung Fisch und der betrunkenen Crew holte man auch eine quicklebendige Runde leichter Damen von Bord.

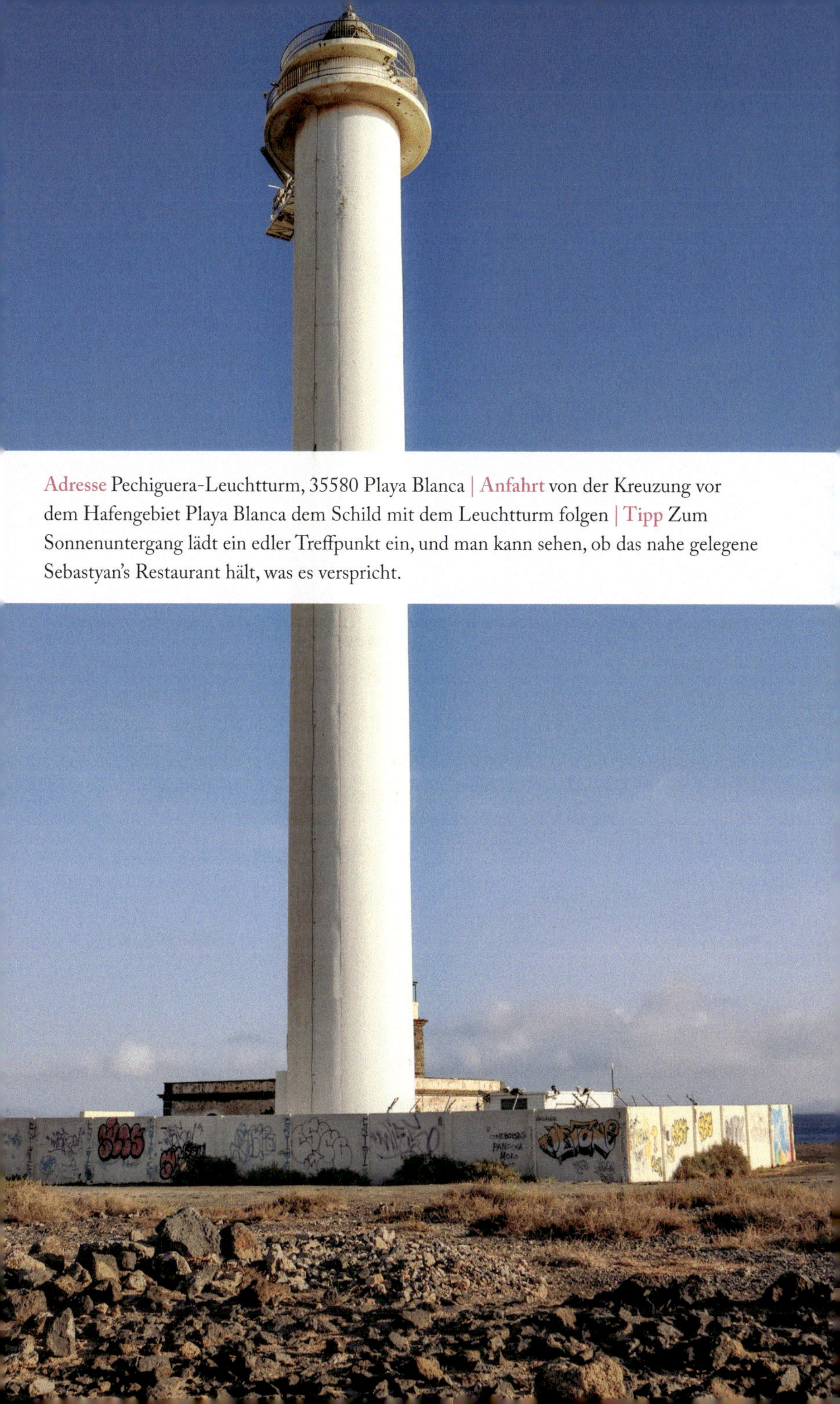

Adresse Pechiguera-Leuchtturm, 35580 Playa Blanca | **Anfahrt** von der Kreuzung vor dem Hafengebiet Playa Blanca dem Schild mit dem Leuchtturm folgen | **Tipp** Zum Sonnenuntergang lädt ein edler Treffpunkt ein, und man kann sehen, ob das nahe gelegene Sebastyan's Restaurant hält, was es verspricht.

71 Das Museo Atlántico

Jasons Unterwasser-Skulpturen

Der Engländer Jason deCaires Taylor hat 2009 vor der mexikanischen Isla de Mujeres 500 lebensgroße Betonskulpturen versenkt. Bewuchert mit Korallenschwämmen, begeistert das Kunstwerk Taucher aus aller Welt. Jetzt hat er auch für die Küste Lanzarotes nach fünf Jahren Schwerstarbeit 300 Figuren geschaffen. Seine Modelle hat er unter der Bevölkerung Lanzarotes ausgewählt. In seinen Ateliers im Hafen von Puerto Rubicón hat er jahrelang Gipsmodelle gefertigt, Abdrücke geformt und arrangiert, um sie am Ende in Originalgröße in pH-neutralen Beton zu gießen. 2017 brachten Kräne und Hebebühnen die Figuren und Ensembles raus aufs Meer und versenkten sie in einer Tiefe von etwa zwölf Metern. Die Verantwortlichen gliederten Jason deCaires' Arbeit in das Kultur-Netzwerk CACT mit ein und managen es seitdem.

Anfang 2018 waren dann alle Objekte im sandigen Meeresboden in Sichtweite der Ateliers aufgestellt und fest verankert. Die Inselregierung hatte bald begriffen, dass Großartiges entsteht, und engagierte sich für das Projekt. Besichtigung ist nur mit den umliegenden Tauch-Guides möglich. Man meldet sich dort oder im Museo Atlántico an, wählt zwischen Schnorcheln oder Flaschentauchen und zahlt eine geringe Gebühr. Zwei Prozent der Einnahmen wandern in die Stiftung für Meeresschutz. Tauchgänge gibt es bereits ab 10 Uhr.

Seit der Eröffnung haben nahezu weltweit über 1.000 Medien, TV und Print, von Neuseeland bis Island darüber berichtet. Das Museum gliedert sich mit einer Fläche von 50 mal 50 Metern in zehn Bereiche. Es beginnt mit einer Gruppe von Kindern in Booten sitzend. Danach erinnert ein Schlauchboot, voll besetzt mit Afrika-Flüchtlingen, die tauchenden Besucher an das aktuelle Problem vom nahen Kontinent. Natürlich fehlt auch das fotografierende Selfie-Paar nicht. Für die Kunstwelt war es *die* Sensation – endlich traut sich einer raus aus verstaubten Museen und rein in den Ozean.

Adresse das Büro des Museo Atlántico liegt gegenüber dem Castillo del Águila, 35580 Playa Blanca, Tel. 928/179492, www.cactlanzarote.com | Anfahrt von der Playa Blanca fahren Sie Richtung Castillo-Turm, davor liegt das Office des Museo Atlántico | Öffnungszeiten Mo–Fr 9.30–16.30 Uhr | Tipp Direkt gegenüber dem Info-Büro liegt auf einem Hügel der alte Festungsturm Castillo del Águila aus dem 17. Jahrhundert und wacht über das Unterwassermuseum.

72__Die Pools von Los Charcones

Die Naturbecken der Westküste

Lanzarote ist in den 80ern an einer Sightseeing-Katastrophe vorbeigeschrammt. Nach den Olympischen Spielen in Barcelona wollten »Goldgräber« eine Art Disneyland unterhalb der Ortschaft Las Breñas hinzaubern, inklusive eines gigantischen Riesenrades, das man noch auf Fuerteventura hätte sehen können. Zum Glück zerplatzte der Größenwahnsinn.

Dies war auch gut für eine typische Insel-Rarität, die man dort an der steinigen Küste nur zu Fuß erwandern kann. Natürliche Badebecken und Felsenpools im Lavagestein werden hier täglich bei den Los Charcones mit neuem Frischwasser versorgt. Am besten sucht man diese Badewannen im Sommer auf und genießt dann das lauwarme Wunder. Aber auch während der restlichen Monate ist dies die ideale Meditationsecke – ohne Autolärm. Und man ist froh, sich nach der Wanderung endlich quer in eine der vielen Steinwannen legen zu können. Das wusste auch schon das C&A-Team um Kameramann Tom Fährmann (»Die Päpstin«) zu schätzen. Vor Jahrzehnten drehten sie hier einen der legendären Werbe-Klassiker für den Bekleidungskonzern.

Sicher gibt es auf den Kanaren noch größere, monumentalere und auch leichter auffindbare natürliche Badeanstalten – aber keine ist so bequem zugänglich wie hier an Lanzarotes südwestlicher Küste, zwischen dem Leuchtturm Pechiguera bei Playa Blanca und den Salinen von El Janubio (siehe Ort 26). Und Sie müssen vorher auch keinen Freeclimbing-Kurs absolvieren. Einzige Empfehlung: Trittfeste Schuhe und Trinkwasser sind Pflicht. Und baden Sie im Pool nicht allein. Bei starker Brandung müssen Sie sowieso in der sicheren zweiten Reihe Platz nehmen und können den vielen getarnten Krebsen zusehen.

Nehmen Sie die ungeteerte Stichstraße zur Entsalzungsanlage Janubio, parken Sie dort Ihr Auto und suchen Ihr Bad.

Adresse Los Charcones, 35580 Playa Blanca, Küste zwischen Playa Blance und El Janubio | Anfahrt vom Norden kommend unbedingt die alte Landstraße LZ 701 ab den Salinen El Janubio Richtung Playa Blanca nehmen und die erste und einzige asphaltierte Straße dann rechts Richtung Entsalzungsanlage fahren. | Öffnungszeiten das ganze Jahr täglich 24 Stunden | Tipp Weiter die Straße LZ 701 neben der Schnellstraße LZ 2 nach Süden und dann in eine holprige Stichstraße rechts abbiegen – hier steht eine geplünderte Hotelruine, im Hintergrund der manchmal blutrote Sonnenuntergang.

73_Die Überfahrt

Mit der Fähre zum Nachbarn

Wer zu Beginn der 70er hier war und sich Richtung Süden mit klapprigen Leihwagen durchkämpfte, wer nach Waschbrettpisten das Fischernest Playa Blanca entdeckte und dann bei klarer Fernsicht den Horizont sah, der glaubte an eine Fata Morgana. Man erkannte deutlich die bergige Kontur von Fuerteventura mit davor gelagerten goldenen Sandstränden. Auch die nahe kleine Fischerinsel Lobos. Um in den damals wenig bewohnten nördlichen Teil der Wüsteninsel zu gelangen, konnte man sich mit viel Glück ein Fischerboot mieten und musste seefest sein. Ziegeninsel wird Fuerteventura bis heute noch von vielen Lanzaroteños genannt.

Auch César Manrique soll Mitte der 70er Jahre diesen Service einmal genutzt haben, aber kopfschüttelnd schnell wieder zurückgekommen sein – hauptsächlich wegen der etwas seltsamen Zukunftspläne der dortigen Inselchefs. Als dann das erste Fährschiff Anfang der 80er Jahre den Betrieb aufnahm, kam es prompt zu (zum Glück!) glimpflich ausgehenden Zwischenfällen. So hatte man einmal trotz hohem Wellengang vergeblich versucht, die Landungsbrücken richtig auszufahren. Pech allerdings für einige drängende Mietautos – die fielen buchstäblich erst mal alle ins Wasser. Bei einer anderen stürmischen Überfahrt – der Autor war sogar mit an Bord – kippte ein Kleinlaster um, voll beladen mit Thunfischen. Da beruhigt es, zu wissen, dass heutzutage bei Sturm und hohem Wellengang Schiffe gar nicht erst auslaufen.

Inzwischen gibt es täglich ab sieben Uhr früh fast stündlich sichere Fähren, manchmal voll mit Sightseeing-Bussen, Radtouristen und individuellen Inselhoppern – und immer mit bereitgestellten Brechtüten für permanent Seekranke. Ingenieurschulen in Madrid und Barcelona haben längst mit ihren Studenten eine 15 Kilometer lange, moderne Brücke entworfen, die beide Inseln verbinden könnte – mit Zwischenstopp auf der einstigen Seehund-Insel Lobos. Man behüte uns aber vorerst vor dem Projekt.

Adresse 35580 Playa Blanca, Hafen: Autofähren Fred. Olsen und Armas, Schnellfähre ohne Auto: Líneas Romero, www.lineasromero.com | **Anfahrt** die LZ 2 endet am Kreisverkehr am Eingang von Playa Blanca, danach ist der Hafen gut ausgeschildert, »Ferry Playa Blanca – Fuerteventura« | **Tipp** La Ola, leckere deutsche Bäckerei mit Kuchen-Spezialitäten, etwa 200 Meter vom Ankunftshafen der Fähren in Corralejo (Fuerteventura) entfernt – ideal auch zur Stärkung vor der Rückfahrt nach Lanzarote.

74_Bernardos süßes Labor

Zu Besuch beim König der Kaktus-Marmeladen

Der Dortmunder Bernhard Zinhard kam 1986 auf die Insel, eröffnete ein kleines Lokal und entdeckte danach eine seltsame rote Kakteen-Frucht – die Tuno Indio, wie sie die Einheimischen hier nennen. Heute beschäftigt Zinhard 20 Angestellte, verarbeitet 250 Tonnen der edlen Früchte und produziert in seiner »Fabrik« in Playa Honda pro Jahr mehr als 250.000 Marmeladengläser mit diversen Inselprodukten. Kein größeres Hotel auf Lanzarote und kein Bio- oder Delikatessenshop auf dem Kanaren-Archipel, der heute dieses Produkt nicht im Sortiment anbietet – als Saft oder Marmelade oder mit verschiedenen Fruchtvariationen.

Wenn man bedenkt, dass Señor Zinhard zuerst ein kleines Lokal führte und zwischendurch die ersten Dutzend Konfitüren schnell mal auf Märkten, unter anderem auch auf Fuerteventura, versuchte anzubieten, dann erahnt man den harten Beginn einer unglaublichen Karriere. Klar, dass rundherum um diese Kaktusfrucht experimentiert wurde und Papaya, Mango, Limonen zugefügt wurden. Auch das immer prominentere Gewächs der Inseln, die Aloe vera, wurde süß »getunt« und ist mit 20 Prozent in diversen Gläsern zu finden. Die Herstellung eines Kakteen- und Ziegen-Likörs gehört inzwischen ebenso fest zum Programm. Die Geschäftsführung hat Bernhard inzwischen seinen Söhnen Phillip und Moritz übertragen.

Nur wirklich interessierte Besucher können sich selbst mal den aufwendigen Produktionsweg der Tuno-Indio-Frucht zeigen lassen. Am Rande des Industriegeländes Playa Honda, kurz vor der Inselhauptstadt Arrecife liegt der weiße, unscheinbare Neubau der Bernardo-Fabrikation. Die Innenräume gleichen einem kleinen NASA-Forschungslabor. Wer jetzt neugierig geworden ist, wird die Namen Bernardo's und Tuno Indio sofort googeln. Für Männer mal das Wichtigste vorneweg: Die Frucht ist eines der gesündesten Mittel zur Vorbeugung von Prostata-, Potenz- und Harnproblemen.

Adresse Bernardo's Mermeladas, 35509 Playa Honda, Calle Varenga 32, Industrieviertel | **Anfahrt** LZ 2 zum Industriegebiet Playa Honda fahren, auf der anderen Autobahnseite gegenüber dem Einkaufs- und Kinozentrum Deyland und hinter der großen Lidl-Filiale gelegen | **Öffnungszeiten** Mo–Fr 8–16 Uhr | **Tipp** Gleich um die Ecke liegt Lanzarotes erstes großes Einkaufszentrum Deyland, hier finden Sie auch Bernardos Marmeladen zum Kaufen. Außerdem gibt's ein gutes Cinema-Center mit den aktuellen Filmen.

75__Das Versteck am Meer

Für Individualisten

Lanzarote war schon zu Beginn des Touristenbooms im Gegensatz zu Gran Canaria und Teneriffa weniger bekannt und dadurch Ruhe- und Zufluchtsort namhafter Persönlichkeiten. Man ist auf Lanzarote eben etwas diskreter, vor allem im Umgang mit erfolgreichen Machern. Und die gibt's zum Glück immer mehr. Bis heute ist wenig bekannt, dass sowohl Bestsellerautor Michel Houellebecq als auch Juli Zeh hier sehr unterhaltsame und wichtige Lanzarote-Bücher geschrieben haben. Und dass Günter Wallraff schon lange ein Fan der Insel ist, und neuerdings auch Grimme-Preisträger Moritz Rinke, dürfte sich längst herumgesprochen haben. Auch dass Kunstberater Achenbach vor Jahren die Insel aus einem Dornröschenschlaf in Richtung große Kunst erweckt hat. Aus der Unterhaltungsbranche gehörten lange Karl Dall, Jochen Busse und Günter Strack (gestorben 1999) zu den Stammgästen. Berlins Festival-Direktor Dieter Kosslick erholte sich regelmäßig auf der Vulkaninsel, ebenso die Politiker Ströbele und Schily.

Viele der Promis sind hierher zum Essen gekommen und kaum aufgefallen, davon zeugen alte, vergilbte Farbfotos, die erst später die Runde machten. In dieser wind- und wellengeschützten Bucht an der Ostküste Lanzarotes liegen eine Kamel-Station sowie eine große Fischzucht-Region. Vielleicht haben sich auch deshalb in den vergangenen Jahren einige Fischrestaurants still und heimlich etabliert – genauso wie einige Appartementhäuser.

Aber es gibt hier keinen Massentourismus und vor allem keine lärmende Musikbeschallung. Dafür kommt der Fisch direkt aus dem Meer vors Gasthaus und nicht tiefgefroren aus dem Eisschrank. Und immer in Sichtweite – sehr appetitanregend und nur etwa 100 Meter entfernt – die großen Zuchtbänke der Lubina, einer Fischart mit viel Omega 3. Hier, an diesem Ort, ist Lanzarote noch der Geheimtipp aus den 70ern geblieben. Und wird es trotz dieses Buches auch weiterhin sein.

Adresse 35570 Playa Quemada | Anfahrt an der LZ 2 vor Uga, beim Dromedar- und Pferde-Zentrum am Kreisel dem Schild »Playa Quemada« folgen | Tipp Einen Reit- oder Kamelausflug können Sie oben an der Hauptstraße LZ 2 im dortigen Kamelzentrum buchen.

76 Die Schiffe zum Anfassen

Vorbereitung zur Weltumseglung

Wer die Profi-Segelhäfen dieser Insel einmal besucht, Marina Rubicón, Puerto Naos und hier Puerto Calero, versteht sofort, warum Spanien zu den führenden Segelnationen der Welt gehört und auch regelmäßig bei Olympia richtig abräumt. Abwechselnd wird der berüchtigte Copa del Rey inzwischen hier auf den Kanaren und nach wie vor auf den Balearen ausgetragen.

Das Seglerzentrum Puerto Calero und der dazugehörige Yachthafen wurden 1986 aber auch für den Segelanfänger und Inselbesucher gebaut. Wer nicht beim Shoppen ist, sitzt an der kleinen Promenade und beobachtet die täglichen Aktionen auf den 420 Stegen. Vor allem wird es hier im Oktober hektisch. Dann bereitet man sich auf den großen Massenstart und anschließenden Segel-Konvoi ab Gran Canaria nach Amerika vor. Sensationell ist dabei immer wieder der Start von mehr als 300 Segelbooten, die sich dort vor Gran Canaria immer am 30. Oktober sammeln und dann in See stechen. Der Feinschliff der Crews aus Lanzarote, die unter anderem hier das ganze Jahr liegen, findet meistens schon Monate vorher in Puerto Calero statt. Wenn man die hohe Anzahl der Big-Game-Fishing-Boote sieht, fragt man sich, ob es überhaupt noch so viele Fische gibt.

Aber auch wer einmal nach Charterbooten schauen möchte, wird hier schnell fündig. Bequeme Ziele wären nördlich die Inseln des Chinijo-Archipels inklusive La Graciosa, Richtung Süden Lobos und Fuerteventura. Alles andere als die nahe gelegene marokkanische Küste ist wegen der meist nördlichen Passatwinde die pure Schinderei.

Puerto Calero war vor Jahren Gastgeber eines großen Automobilherstellers. Man verschiffte einige hundert Luxuscabrios und Coupés hierher und veranstaltete kurzerhand ein großes Händlermeeting der besonderen Art. Die Insel hatte zum ersten Mal Hunderte Autodealer zu Gast. Aber es ist leider nicht bekannt geworden, wie viel Blechschäden es dabei gab.

Adresse 35517 Puerto Calero, Marina, Tel. 928/510850, www.caleromarinas.com | Anfahrt von der LZ 2 führt eine Stichstraße direkt in den Yachthafen Puerto Calero hinunter | Tipp Wer den preisgekrönten Film »Das Boot« kennt, sollte hier auch unbedingt in ein U-Boot steigen und ablegen. Das gelbe Submarine-Boot liegt direkt an der Marina.

77_Das Centro Antroposófica

Gesundheit first

Es gibt sie also noch, mobilfreie Orte, wo nicht jeder Urlauber am Handy klebt. Hier im Anthroposophischen Zentrum wird die kulturelle Begegnung, aber auch das medizinisch-therapeutische Angebot ganz großgeschrieben. Das Kulturangebot umfasst Konzerte, Gespräche, Lesungen, Seminare zu anthroposophischen und wissenschaftlichen Themen. Rudolf Steiner würde sich freuen. Wer aber jetzt erwartet, hier nur ehemalige Waldorf-Schüler anzutreffen, der irrt. Klar, dass auch kräftig getrommelt wird, manchmal sogar mit einem richtigen Jazz-Prominenten. Aber wo auf der Insel wird inzwischen keine Musik gemacht? Für die beste Werbung dieses Kreativzentrums sorgte einst der ehemalige Chef der Berliner Filmfestspiele, der sich regelmäßig nach jedem seiner energievollen Berlinale-Auftritte im Frühjahr hier erholte und auch sehr kreativ war.

Das gut besuchte Feriendomizil existiert inzwischen auch schon lange und hat sich erfolgreich »integriert«, nachdem ja viele esoterische und alternative Experimente auf dieser Insel genauso wie auf La Gomera in den 80ern und nach Tschernobyl gescheitert waren.

Die absolute Stille kann man auch auf der dazugehörigen Finca in drei Kilometer Entfernung erfahren. Seit 2010 werden hier der kanarische Trockenfeldanbau sowie der biologisch-dynamische Gemüseanbau realisiert. Letzteres ist übrigens eine ernsthafte Alternative zu den drei Lidl-Filialen der Insel. Mangelndes Interesse oder Zukunftssorgen jedenfalls wird sich der Ort im Gegensatz zu einigen All-inclusive-Zentren hier bestimmt nicht machen müssen. Vielleicht wird er sich eines Tages sogar noch vergrößern. Das Klima Lanzarotes, verbunden mit ärztlicher Betreuung sowie klassischen und anthroposophischen Therapien: Es freuen sich Haut, Atemwege, Rheumabeschwerden und vieles andere. Also nichts wie hin zum Krafttanken – blei- und alkoholfrei.

Adresse Centro de Terapia Antroposófica, 35510 Puerto del Carmen, Calle Salinas 12, Tel. 928/512842, www.centro-lanzarote.de | **Anfahrt** die Anlage Tamarindo, in der das Centro liegt, befindet sich oberhalb Puerto del Carmens: am Ende der LZ 40 in die Reina Sofía einbiegen, kurz Richtung Zentrum Biosfera Plaza fahren und davor in die Calle Salinas fahren | **Tipp** Der moderne Einkaufstempel Biosfera Plaza zum Shoppen und Relaxen macht richtig Spaß.

78 Der Golfplatz mit Ausblick

Abschlag über dem Horizont

Vielleicht haben Sie ja Glück und treffen hier oben mal Pedro Almodóvar beim Abschlag in den Drehpausen. Weiter unten an der flachen Küste liegt nämlich mit Puerto del Carmen das inzwischen größte neu gewachsene Touristenzentrum Lanzarotes, und da werden Sie im Mai auf Start und Ziel der jährlichen Ironman-Veranstaltungen treffen sowie auf alle durchgeknallten Events, die auf Masse ausgerichtet sind. Wie das total verrückte Staub-und-Mehl-Fest – bei Eintritt bekommt man eine Tüte mit buntem Mehl ausgehändigt. Kaum ein Monat vergeht hier ohne Bühnenaufbau und Show, was den Vorteil hat, dass sich unten der meiste Lärm, Verkehr und Trubel der Urlaubsinsel konzentriert.

Wie von einer anderen Welt ist im Gegensatz dazu weiter oben diese zweite Insel-Golfanlage hoch über dem Meer. Vom US-Designer Ron Kirby mit Hügeln und Wasserhindernissen gestaltet und im Jahr 2008 eröffnet. Gleich am Eingang zeigt man, wer immer noch das Sagen auf Lanzarote hat: die Immobilien- und Baubranche. Bei meinem ersten Besuch steuerte ich versehentlich auf die protzige Glas- und Betonkonstruktion zu und vermutete darin das Clubhaus. Doch es ist eine ziemlich transparente Luxusvilla, die noch immer auf einen Käufer wartet. Man munkelt, dass der Golfplatz immer noch keine offizielle Genehmigung hat – aber wen juckt das schon auf einer Ferieninsel. Hauptsache Loch 19, die hervorragende Golfer-Bar, steht am Schluss bereit, der Platz ist gepflegt und die Greens auch immer grün.

Auch das Preisniveau liegt hier immer noch stark unter den Plätzen von Gran Canaria und Teneriffa. Immerhin sind hier am Hang einige der ganz wenigen Grünflächen der Insel verstreut. Und hoffentlich die letzten zum Golfen. Denn Lanzarote, dieser Isla del Arte und der Vulkane, reichen locker die zwei gut bespielbaren Plätze.

Adresse Lanzarote Golfresort, 35510 Tías, Carretera del Puerto del Carmen, www.lanzarotegolfresort.com | Anfahrt die Carretera Puerto del Carmen Richtung Tías fahren, dann LZ 505 | Öffnungszeiten im Sommer täglich 8 – 19.30 Uhr, im Winter 7.30 – 18.30 Uhr | Tipp Nur im alten Hafen von Puerto del Carmen können Sie erahnen, wie das winzige Fischernest früher mal aussah.

79_Ironcity

Wie alle Qualen anfingen

Im Jahr 1992 gab es den ersten Ironman auf Lanzarote im südlichen Playa Blanca, 116 Athleten kamen damals ins Ziel. Ein Jahr später holte der Däne Kenneth Gasque die Veranstaltung ins neue Sportzentrum nach La Santa, gestartet wurde in Puerto del Carmen. Die Zahl der Teilnehmer stieg schnell auf über 500 Triathleten, obwohl das große Dreikampf-Fieber auf der Insel erst so richtig in Schwung kam.

Lanzarote wurde plötzlich Triathlon-Insel. Vor allem auch weil die Regierungsverantwortlichen mitmachten, Rad- und Laufwege bauten. Und kein anderer Macher als Kenneth Gasque war dafür verantwortlich. Der Däne überstand selbst viermal das Ironman-Finale in Kona auf Hawaii und wusste damals bereits, wie er diese Atmosphäre auch auf die europäische Vulkaninsel bringen könnte. Obwohl die kraftraubende Tortur hier nie unter acht Stunden zu bewältigen ist und von einigen Hawaii-Qualifizierten gleich ganz gemieden wird. Was Kona auf Hawaii ist, bedeutet seit Jahrzehnten Puerto del Carmen auf Lanzarote für den Ironman. Außerdem vergibt man hier 40 Startplätze fürs US-Finale.

Das große Interesse der Triathlon-Fans aus der ganzen Welt richtet sich auch auf den Besuch der Profi-Rad-, Schwimm- und Lauf-Boutiquen, die überall entstanden und das ganze Jahr in Betrieb sind.

Jeweils um Pfingsten herum geht es los. Schon der Tag vor dem Großereignis wird für viele Trainer, Helfer und Begleiter ziemlich lebendig und arbeitsintensiv. In den Wechselzonen wird eifrig gepackt, verstaut und die letzten Check-ups durchgeführt. Mit 4.000 Helfern, vom Streckenposten bis zum Masseur, sind heute dreimal so viele aktive Hände dabei wie Ironmänner und -frauen. Diese Nacht wird zum Tage. Wenn dann die Sonne langsam aufgeht, fällt kurz vor 7 Uhr der Startschuss für die erste Gruppe, und der härteste Ausdauer-Wettbewerb mit einem Preisgeld von 25.000 Dollar hat begonnen.

Adresse 35510 Puerto del Carmen, Start am Strand Playa de los Pocillos | Anfahrt LZ 40 in Richtung Hotel Los Fariones fahren | Tipp Bei Kayak del Mar kann man je nach Laune und Fitness Boote mieten – zum Fischen oder zum Touren-Unternehmen.

80 Das Taucherparadies

Schnorcheln in der Playa Chica

Die Playa Chica von Puerto del Carmen hatte schon zu Beginn des Tourismus-Booms auf Lanzarote bei Tauchern einen sehr guten Ruf. Inzwischen gibt's unendlich viele internationale Tauchschulen und für jeden Kunden in jedem Alter einen eigenen individuellen Kurs. Dann geht's runter auf bis zu 30 Meter Tiefe, und man begegnet Zackenbarschen, Adlerrochen, vereinzelt auch Schildkröten und Engelshaien. Aber keine Angst, laut Aufzeichnungen gab es bis heute keine tödlichen Hai-Angriffe.

Auch nur wenige Meter vom Strand entfernt kann man schon mal reinschnorcheln in dieses Revier. Lanzarote ist bekannt für den Artenreichtum seiner Unterwasserwelt, die Vulkaninsel ist europäische Biosphärenschutzzone. Eine gute Sicht, ideale Unterwassertemperaturen um die 20 Grad – klar, dass hier natürlich das ideale Revier für jeden Tauchfotografen liegt. Inzwischen fällt auch das schwere Equipment der frühen 80er Jahre weg.

Die Playa Chica bietet in geringer Tiefe alles, was der Unterwasserfotograf sucht, aber ebenso was der Nacht-Taucher noch entdecken will und was jeden Anfänger beim Schnorcheln in geringer Tiefe fürs Erste glücklich macht. Ein altes Schiffswrack, das Blaue Auge und die Kathedralen-Höhle sind einige der Höhepunkte in der Tiefe. Suchen Sie sich Ihre geeignete Schule für Ihren Auffrischungskurs oder Ihre Tauchpartner in den umliegenden Tauchbüros in Puerto del Carmen aus, es gibt genügend, aber vorsichtig, nicht alle entsprechen den hohen spanischen Sicherheitsstandards. Der vielleicht beste und älteste Tauchclub Lanzarotes, früher nannte er sich Barakuda Club Lanzarote, heißt seit einiger Zeit Bahianus Club. Auf der Homepage finden Sie weiterführende Informationen und vor allem sämtliche lohnenswerte Spots und seriösen Tauchreviere. Wen die Unterwasserwelt nicht sofort interessiert, kann ja erst mal in die vielen Sportshops eintauchen und die zahlreichen Fotos bewundern.

Adresse 35510 Puerto del Carmen, Playa Chica Unterwasserwelt: direkt vor dem Hotel Los Fariones; Büro der Bahianus Tauchschule: im Hotel La Geria in der Calle Júpiter, www.bahianus.com | Anfahrt ab Tías führt die LZ 505 zur Avenida de las Playas beziehungsweise direkt zur Playa Grande | Tipp Am alten Hafen um die Ecke liegt das ehemalige Kulturzentrum El Fondeadero mit idealer Terrasse, Fischladen und dazugehörigem Imbiss.

81_Die 3-D-Unterwasserwelt

Einmal mit Haien tanzen

Puerto del Carmen ist der am schnellsten gewachsene Touristenort. Er hat sich inzwischen auf über zehn Kilometer Küstenlänge inklusive Promenade in Richtung Landebahnen des Airports bei Matagorda ausgedehnt. An der Avenida de la Playas residierten schon in den 70er Jahren die ersten In-Discos. Hier musste man einfach hin, um auch nachts gesehen zu werden. Heute bestimmen Immobilienbüros, Bankfilialen, Souvenirläden, viele Café-Bars und immer wieder Kleiderboutiquen das Bild. Musste man früher mit Koffer anreisen, braucht man heute nur Handgepäck. Es gibt ja diese China-Läden und dazwischen die Inder mit ihren allerneuesten Tablets. Alles bereit für die wertvollsten Wochen des Jahres.

Wer sich und seinen Kindern aber realen, nassen und dreidimensionalen Spaß zur Geschichte der Insel schenken will, gönnt sich mal den Tagesbesuch im El Rancho Texas. Richtig gelesen! Hier installierte man zu Ehren der kanarischen Siedler, die 1731 San Antonio in Texas gründeten, eine perfekte und sehr gelungene Würdigung. Inzwischen ist es wichtigster Publikumsmagnet der Insel, und das - man glaubt es kaum – einmal ganz ohne Manrique-Image. Seit einem Jahr hat man zusätzlich die Möglichkeit zur Pinguin-Beobachtung oder zur Delphin-Therapie im neu designten Schwimmbecken.

Vor allem aber lohnt sich das unterirdische First-Class-Medien-und-3-D-Erlebnis. Dieser Ort muss Pflichtbesuch werden für alle, die einmal in dreidimensionaler digitaler Pflanzen- und Unterwasserwelt durch Wasserfälle schreiten möchten und mit Haien tanzen wollen.

Wöchentlich findet eine Westernshow statt, fast wie im fernen Texas. Der Park bietet außerdem Rutschvarianten für jedes Alter, dazu eine Kinderfarm mit echten Tipis und Ponyreiten oder gleich Ausritte à la John Wayne. Der beste Deal dabei: Auch an Einheimische wurde gedacht, alle kanarischen Schulen haben freien Eintritt.

Adresse Rancho Texas Park, 35510 Puerto del Carmen, Alcalde Cabrera Torres, Tel. 928/516897, www.ranchotexaslanzarote.com | **Anfahrt** Calle Noruega außerhalb Puerto del Carmens unterhalb der Schnellstraße LZ 40 | **Öffnungszeiten** täglich 9.30–17.30 Uhr | **Tipp** Gleich in der Nähe liegt übrigens das größte Hospital Lanzarotes, falls Sie ein Pflaster nach dem El-Rancho-Besuch brauchen.

82 Die Casa Museo al Campesino

Zu Ehren der Bauern

Diesen Ort hier sollten Sie ziemlich am Beginn Ihrer Erkundung der Insel besuchen. Nicht nur weil sich die Anlage inklusive Skulptur im geografischen Mittelpunkt Lanzarotes befindet und etwas an den Pilgerort Altötting erinnert, sondern auch weil dieses Museum keinen Eintritt kostet, kaum überlaufen ist und richtig Lust auf mehr Lanzarote macht.

Manrique und Jesús Soto stellten 1968 eine berühmte, 15 Meter hohe kubistische und futuristische Skulptur an die Straßenkreuzung vor Mozaga und nannten das Kunstwerk »Denkmal der Fruchtbarkeit«. Es ist aus alten Trinkwasserkanistern zusammengeschweißt und sollte auf das Museum verweisen. Es war auch Manriques erster Kunsteingriff nach seiner Rückkehr aus den USA. Damals rätselten noch viele seiner spanischen Mitbewohner über das weiße, abstrakte Monster so nah vor ihrem wichtigen Landgut und schüttelten nur den Kopf. Kein Wunder, zu diesem Zeitpunkt diskutierten auch immer noch einige Franzosen über den Bau des Pariser Eiffelturms.

Man merkt sofort, dass die Leitung des Bauernmuseums die Inselregierung hat. César Manrique hat das ganze Museumsdorf nach seinen Ideen restauriert. 1999 schuf man dann noch einen unterirdischen Erweiterungsbau dazu. Jetzt können es hier insgesamt mehr als 500 Gäste mal so richtig krachen lassen – ohne jemanden zu stören. Im oberen Gebäudekomplex kann man von Guanchen-Keramik und Mühlsteinen bis zu Arbeiten am Webstuhl so ziemlich alles bestaunen, was Lanzarote früher am Leben erhielt. Auch wird noch genauso getöpfert wie früher – am offenen Feuer und ohne Töpferscheibe. Ebenso interessant, nicht nur für alle Gläubigen, sind die Modelle aller großen Kirchen Lanzarotes. Im dazugehörigen Spitzen-Restaurant El Campesino werden Sie von 12 bis 16,30 Euro für viele der weniger guten Kneipen auf der Insel mal so richtig entschädigt.

Adresse Casa Museo del Campesino, 35550 San Bartolomé, Carretera Mozaga–San Bartolomé LZ20, Tel. 928/520136 | Anfahrt die LZ30 Richtung »Weinstraße La Geria« fahren | Öffnungszeiten täglich 9–17.45 Uhr | Tipp Die älteste Weinkellerei finden Sie in der Bodega Mozaga direkt an der Straße. Fincas zum Übernachten gibt's auch in der Nähe.

83 Das Lanzarote Art Center

Rufina Santana und Familie

Der Bildhauer Paco Curbelo, die Malerin Rufina Santana und deren Sohn Nestor Curbelo sind Lanzarotes Kunst-Trio schlechthin. Echte Vollblutkünstler. Weit über 40 Skulpturen Paco Curbelos befinden sich sowohl in öffentlicher wie auch in privater Hand. Er lehrt auch den Nachwuchs in der Pancho-Lasso-Kunstschule. Gearbeitet und gewohnt wird in einem der schönsten Künstleranwesen auf dieser Insel. Ihr moderner Architekturbau beherbergt neben mehreren Ateliers eine Herberge für »Artists in Residence«, wie man das inzwischen nennt. Künstler dürfen hier arbeiten und einen Workshop veranstalten. Weiterhin gibt es zwei perfekte und ultramodern eingerichtete Designer-Appartements für Gäste – Kunstliebhaber, Architekten und Sammler inbegriffen, versteht sich von selbst. Wer gestalterisch tätig ist und kreativ bleiben will, findet hier sein ideales und ruhiges Feriendomizil.

Rufina ist bekannt für ihre großformatigen Wandarbeiten und Sequenzen und hat diese in vielen europäischen Großstädten oft präsentiert. Aber eigentlich sollte sich auch jeder Hotel-, Großbank- und Office-Chef hier mal umsehen und die eigenen langweiligen Foyers bestücken. Rufina ist eine Weltkünstlerin, und das merkt man ihren Arbeiten auch sofort an. Sie symbolisieren den Zeitgeist, aber Rufina springt nicht auf jeden Trend auf und arbeitet vor allem mit freudigen Farben und Formen.

Wie vielen noch immer nicht bewusst ist, wurde die Insel Lanzarote auch dank Helge Achenbachs Kunst-Biennale im Jahr 2014, seinem großzügigen Engagement und Kultureingriff über Nacht in die Oberliga der Künstler-Inseln gehievt. Objekte von Jason deCaires Taylor, Tony Cragg, Jörg Immendorf, Günther Uecker, Thomas Struth und Andreas Gursky waren plötzlich allgegenwärtig. Rufina Santana hat zweifelsohne diesen Impuls verstanden und führt im Sinne der bildenden Künste die Workshops, Lesungen und innovativen Gastausstellungen weiter.

Adresse Lanzarote Art Center, 35550 San Bartolomé, Calle Los Reyes 155, Tel. 677/556866, www.rufinasantana.com, www.pacocurbelo.es | **Anfahrt** San Bartolomé, die LZ 20 Richtung Tinajo fahren, kurz vor dem Campesino Monument die Parallelstraße zurück in den Ort nehmen | **Öffnungszeiten** nur mit telefonischer Voranmeldung | **Tipp** Besuchen Sie die Plaza Leon y Castillo. Hier besichtigen Sie zuerst die Pfarrkirche Iglesia de San Martin mit Kassettendecke im Mudéjar-Stil und daneben den Glockenturm des Rathauses.

84 Das Museo Etnografico Tanit

Die harte Vergangenheit

Wenn Ihnen jetzt der Gedanke kommt: oje, ein Museum – dann treten Sie trotzdem ein, irgendetwas werden Sie entdecken, das Sie fasziniert. Das ethnografische Museum befindet sich in der Weinkellerei eines antiken Kanarenhauses. Früher nannte man den Ort Tanit wie einige andere Dörfer auch das »Kartoffeldorf«. Die Familie Perdomo hat ihre alte Bauern-Finca und ihre Weinkellerei zum Museum umgebaut und zeigt Besuchern, mit welchen Problemen und Anstrengungen die Lanzaroteños sich fast zwei Jahrhunderte lang herumschlagen mussten.

Hier war einst kein Paradies, wie so viele Neuankömmlinge und Erstbesucher vermuten. Das Inselleben im Landesinneren war noch härter und mühsamer als unten an der Küste. Weit und breit gab's kaum Wasser, deswegen auch der wenige Ackerbau – dafür wuchsen plötzlich Zwiebeln bis zum Horizont, die bald Lanzarotes erstes landwirtschaftliches Massenprodukt wurden.

Genau im geografischen Mittelpunkt der Insel steht heute das niedliche Museum und ist, auch dank des niedrigen Eintrittsgelds, einen Kurzaufenthalt wert. Auch wenn Sie es des Öfteren umrunden müssen, bis Sie einen Parkplatz gefunden haben. Auf der Eingangstafel steht etwas verwirrt, aber gut gemeint und naiv geschrieben: »Durch den Besuch des Museums wird man besser den Kampf um den Fortbestand der Einwohner verstehen können, den Kampf gegen Wind und Sonne und Wasserknappheit.« Das ganze Projekt hier gehört einer Gesellschaft, die sich verpflichtet fühlt, die Vergangenheit alter und wichtiger Lanzarote-Funde aufzuarbeiten und für die Nachwelt zu schützen. Kompliment für die ganze Sammlung – vom primitiven Steinmosaik am Boden bis zu den Weinfässern und traditionellen Kostümen.

Der beste Grund, hier hereinzumarschieren: Die komplette Entwicklung dieser ehemals armen Insel wird gut erklärt.

Adresse 35550 San Bartolomé, Calle Constitución 1, www.museotanit.com | **Anfahrt** von Arrecife aus die Schnellstraße LZ 20 nach San Bartolomé nehmen und dann am Ortseingang der Beschilderung »Museo Tanit« folgen | **Öffnungszeiten** Mo–Sa 10–14 Uhr | **Tipp** Wenn Sie jetzt genug von den alten Möbeln des 19. Jahrhunderts haben: Gleich um die Ecke vom Museum liegt das Muebles San Simón, in der Calle San Simón 44, unter anderem mit etlichen neuen Sofas aus unserem Jahrhundert.

85 Die Fundación César Manrique

Wo alles begann und endete

Eduardo, der Neffe Manriques, hörte einen Knall, rannte aus der gleichnamigen Stiftung in Tahíche und sah wenige Meter entfernt den verunglückten Jaguar seines berühmten Onkels liegen – mitten auf der damals umstrittenen Kreuzung. Am nächsten Tag, 25. September 1992, starb der Gründer des intelligenten Tourismus im Krankenhaus von Arrecife, damals 73-jährig. 2019 feierte man seinen 100. Geburtstag.

Manrique kehrte 1968 nach 28-jähriger Abwesenheit, nach Kunststudium in Madrid und längerem New-York-Aufenthalt, zurück und beschloss: »Ich werde die Insel zum schönsten Ort der Welt machen.« Das kann ja heiter werden, dachten sich viele Bauspekulanten und Tourismusplaner, die Lanzarote soeben noch als hässlichste Insel der Kanaren einstuften. Viele Emigranten, wenig Wasser und Verdienstmöglichkeiten, dafür umso mehr Aschehügel. Manrique entschied, sein Privathaus inmitten der Lavablasen zu bauen. Er legte richtig los, um aus Lanzarote sein Gesamtkunstwerk zu gestalten. Zuerst setzte er den traditionellen Baustil durch – weiße Häuser mit grünen oder blauen Fenstern und Türen, und absolut keine Werbetafeln. Dann realisierte er all seine Träume und Visionen. Aber bereits 1988 hatte er genug von dem ganzen Trubel um seine Person und zog sich nach Haría zurück. 1992 wurde sein unterirdisches Wohnparadies der Öffentlichkeit zugänglich gemacht, und seine Stiftung zog hier ein.

Hier kann man etwas von der Kreativität einatmen und erahnen, was Macher wie er und seine Künstlerfreunde in den 70er Jahren – noch ohne Tablets – so alles getrieben haben. Überall hängen Entwürfe und Skizzen von Projekten, inklusive einigen Werken weltbekannter Künstlerfreunde Manriques wie Picasso und Miró. Die Fundación erinnert an den besten Satz Manriques: »Wenn alle Plätze der Insel voll sind, kann eben niemand mehr rein …«

Adresse Taro de Tahíche, 35507 Tahíche, Calle Jorge Luis Borges 16, Tel. 928/843138, fcmanrique.org | **Anfahrt** von Arrecife die LZ1 kommend kurz vor Tahíche die LZ34 am Kreisel abzweigen und danach parken | **Öffnungszeiten** Mo–Sa 10–18 Uhr, So 10–15 Uhr; Juli–Okt. täglich 10–19 Uhr | **Tipp** Bereits 1993 erhielt Lanzarote als erste Insel der Welt von der UNESCO die Bezeichnung Biosphärenreservat, und heute steht fast die Hälfte der Vulkaninsel unter Naturschutz. Wandern Sie vom Parkplatz aus die LZ34 entlang und bestaunen Sie den Magma-Fluss, der bis zur Fundación reicht.

86 Los Aljibes de Tahíche

Einst Wasserdepot – heute Brauerei-Depot

In diesen Ort, wenige Kilometer nördlich von Arrecife, haben sich die besser verdienenden Lanzaroteños ihre weißen Häuser mit großen Panoramascheiben – ganz im Sinne ihres großen Künstlers – gebaut. Wie man zwei uralte Wasserdepots umgestalten und neu nutzen kann, wenn man die richtigen Architekten und Künstler mit ins Boot holt, kann man hier am östlichen Rand von Tahíche ziemlich gut erkennen. Wenn man dann die falschen Unternehmer und Manager ranlässt – klappt meistens die Nutzung trotz aller Gestaltungsideen nicht so richtig. Natürlich ist bei diesem Umbau wieder mal die Rede von César Manrique und diesmal auch von seinem Neffen Eduardo, die beide hier zu Beginn dieses Projekts kräftig tätig wurden. Leider hat der Erste von beiden die Wiedereröffnung dieser großartigen Event-Räume nicht mehr erlebt. Danach war es längere Zeit still hier, bis eine Bar und Galerie eröffnete, mit sehr empfehlenswerten Vernissagen und Kunst-Meetings. Es schien lange Zeit so, als hätte Lanzarote seinen neuen ultimativen Insel-Treff.

Heute gibt es zwar immer noch einige Events, lautstarke Laser-Musik oder übervolle Partys, aber über Kunst wird kaum noch gesprochen. Besuchen Sie trotzdem einmal diesen Ort – auch wenn gerade nicht so viel los ist. Vielleicht animiert es auch alle anderen Besitzer der Aljibes – so nennt man bis heute diese wertvollen Wassertanks – zur Umgestaltung und Neu-Nutzung ihrer alten Wasser-Ruinen. Vielleicht zum Yoga- oder Fitnessraum. Aber auch möglich, dass schon morgen wieder ein Szenenwechsel und ein anderes Happening angesagt sind. Denkmalgeschützt müsste das Los Aljibes jedenfalls längst sein.

Im Moment wird sich dort neben der Schankbar sehr nachhaltig und intensiv engagiert und Bier gebraut. Man kann live zusehen und probieren, bis man umfällt. Eigentlich der ideale Treff für private Feiern. Trinkfest sollte man aber schon sein.

Adresse Los Aljibes de Tahíche, 35507 Tahíche, Calle Bravo Murillo 6 | Anfahrt ab Costa Teguise auf der LZ 34 am Golfplatz vorbei, von Arrecife fährt man die LZ 1 Richtung Tahíche | Öffnungszeiten Di – So 13.30 – 16 und 18 – 22 Uhr | Tipp Eine der ersten Manrique-Skulpturen steht in der Mitte des Rondells. Am dazugehörigen Parkplatz liegt ein gutes Restaurant mit Zugang zum Wasserdepot El Aljibe.

87 Der geschlossene Steinbruch

Der Grand Canyon am Monte Tamia

Man müsste diesen steinreichen Flecken vom Monte Tamia (559 Meter) mitten im hügeligen Inselzentrum bei Tao ebenso unter Denkmalschutz stellen wie so manches historische Gebäude auf dieser Insel. Immerhin gibt es nun endlich, so wie auch an anderen Stellen Lanzarotes, einen rigorosen Abbaustopp dieses begehrten Garten- und Wege-Granulats, das überall unter dem Namen Picón bekannt ist. Kaum ein europäisches Modemagazin, das hier auf dieser Kanarischen Insel noch nicht in einer der schönen Abbau-Locations posiert und produziert hat. Die Reduzierung der Farben auf wenige Erdtöne, die neutralen und natürlichen Hintergründe, der dunkle schwarz-graue und rötliche Sand, restliche Vulkansteine und Felsen – schon oftmals der ideale Ort für die Premieren-Präsentation diverser Automobile.

Irgendwann, vielleicht schon bald, wird man diese ausgebaggerten Erdhöhlen auch für Dokumentationen und Science-Fiction-Filme verwenden. Sie müssten jedenfalls bald alle das Siegel eines Gesamtkunstwerkes bekommen und dringend noch stärker geschützt werden. Der renommierte Münchner Architekturfotograf Klaus Kinold, dessen schwarz-weiße Panoramabilder von Lanzarote und Fuerteventura längst im New Yorker Metropolitan Museum of Art gesammelt werden, ist in diesem Miniatur-Grand-Canyon noch immer auf der Suche nach einem unsterblichen Fotomotiv.

Tao ist ein weißes Dorf, das am 31. Juli 1824 bei den letzten Vulkanausbrüchen genau vor der Haustüre verschont blieb. Die 76 Tage anhaltende Ausbruchsserie der drei Vulkane pflanzte mehrere große Trichter auf einer kilometerlangen Linie – zum Glück diesmal ohne dass Personen dabei zu Schaden kamen. Lassen Sie hier bitte Ihr Fahrzeug stehen und wandern Sie einmal zu Fuß auf den Spuren der Trucks und Bagger-Kräne durch die surreale schwarze Picóneria-Welt, wie man sie nennen sollte.

Adresse 35561 Tao | Anfahrt von Norden und Süden führt die LZ 20 bei Tao direkt am Berg Monte Tamia vorbei | Tipp Ein Besuch im Mini-Dorf Soo, am Rande der Wüste, mit der Ermita de San Juan Evangelista, lohnt sich immer zum Ausruhen.

88_Das Dominikaner-Domizil

Kunst und Gesang in der Klosterkirche

Vielen Lesern ist der Namen Helge Achenbach inzwischen sicherlich ein Begriff. Der Kunstberater wurde 2014 zu einer Gefängnisstrafe verurteilt, weil er in dubiose Kunst- und Oldtimerdeals verwickelt gewesen sein soll. Die wenigsten werden wissen, dass Achenbach wenige Monate davor die erste sinnvolle und wichtigste Biennale in Lanzarote veranstaltet hatte. Für die Insel war es ein wichtiger Schritt in Richtung Kunstinsel – diesmal ohne einen César Manrique. Aber ganz in seinem Sinn, er hätte sicher seine Freude daran gehabt. Das Programm umfasste spektakuläre Ausstellungen und Symposien mit renommierten Künstlern wie Andreas Gursky mit seiner Meisterklasse und den beiden englischen Bildhauern John Cragg und Jason deCaires Taylor, um nur die Wichtigsten genannt zu haben.

Neben den markanten Lanzarote-Plätzen und -Orten fand auch genau hier im ehrwürdigen Convento de Santo Domingo im zweischiffigen Innenraum der Klosterkirche zwischen mächtigen Säulen eine große Aquarell-Ausstellung des ZERO-Künstlers Günther Uecker statt. Gezeichnet hatte der treue Lanzarote-Fan seine Werke allesamt auf seiner Lieblings-Urlaubsinsel La Graciosa, die er seit vielen Jahren immer wieder mal besuchte.

Die Kirche wird heute als Galerie für Zeitgenössische Kunst genutzt. Regelmäßig gibt es hier auch klassische Konzertaufführungen auf hohem Niveau, denen Sie unbedingt einmal beiwohnen sollten. Klar, dass in der Stadt der edlen Timple-Gitarren der Schwerpunkt auch auf diesem Saiteninstrument liegt (siehe Ort 93).

Der ehemalige Klosterkomplex mit all seinen Räumen stammt aus dem 18. Jahrhundert und beherbergt heute außerdem das Rathaus. Erkundigen Sie sich über das jährliche Visual Festival auf Lanzarote, das unter anderem auch hier im Convento stattfindet. Vielleicht ist der langjährige Lanzarote-Kenner Achenbach auch bald wieder hier.

Adresse Klosterkirche Santo Domingo, 35530 Teguise, Santo Domingo 1 | **Anfahrt** von Südosten und Norden her die LZ 10, von der südwestlichen Weingegend La Geria die LZ 30 nehmen und immer bis vor die schwere Kirchentür zum kleinen Parkplatz vorfahren – außer sonntags! | **Öffnungszeiten** Kirche: unregelmäßig, immer Aushänge und Plakatankündigung beachten; Rathaus Mo–Fr bis Mittag | **Tipp** Die Café-Empfehlung in Teguise heißt Bar Tahona.

89__Das Emporium

Der asiatische Kauftempel

Indigo Buchers Mutter war eine der ersten bekannten Schweizer Künstlerinnen, die in der alten Inselhauptstadt Teguise erfolgreich arbeiteten und lebten. Lange bevor der Ort saniert, renoviert und an Sonntagen größter kanarischer Treffpunkt aller Trödler und Kunsthandwerker wurde (siehe Ort 92). Es gab noch diese vielen alten, edlen Gebäude mit riesigen Patios – den spanischen Innenhöfen – und sogar ein historisches Kino im Dorfzentrum von Teguise.

Heute befindet sich hier im einstigen Kinosaal, inklusive den Nebenräumen, ein riesiger Verkaufsraum mit original asiatischen Kunstwerken, Möbeln, Kimono-Bekleidung, großen und kleinen Buddha-Figuren, vergoldet und aus Holz, und sogar einigen mongolischen Rundzelten. Der Besitzer reist sehr oft quer durch Asien und sammelt, sucht und produziert alles, was das meditative und auch esoterische Herz zum Rasen bringt.

In der Eingangshalle thront gleich links noch der große originale Filmprojektor, umgeben von einigen alten Filmplakaten aus derselben Zeit, inklusive eines Omar-Sharif-Plakates. Aquarell-Künstler finden hier von diversen Japanpinseln, inklusive aller Japan-Tuschen, bis zum aufwendig gebundenen DIN-A3-Skizzenbuch aus Büttenpapier und anderen edlen Papieren so ziemlich alles, was es nicht zu Hause beim Künstlerbedarf gibt. Man sollte eine Stunde einplanen und sich richtig orientieren, sonst findet man den Ausgang erst am Abend wieder.

Und wem der große golden bestickte Kung-Fu-Umhang oder der ein Meter hohe goldene Buddha zu teuer sind, wird bestimmt beim Regal für Duftessenzen und Räucherstäbchen fündig – bevor er doch noch zum sehr teuren Dschingis-Khan-Schwert greift.

Ein Hinweis vielleicht noch: Verwechseln Sie bitte diesen Verkaufs-Tempel nicht mit den üblichen chinesischen Ramsch- und Billigläden, die Sie an allen Ecken der Inseln finden. Und nehmen Sie diesmal auch genügend Geld mit.

Adresse Emporium, 35530 Teguise, Calle Notas 15, Tel. 928/845069, www.emporium.es | **Anfahrt** von Arrecife aus führt die LZ 10 direkt nach Teguise ins Zentrum; dann nach dem »Alten Kino Emporio« fragen | **Öffnungszeiten** Mo – Fr 10 – 14 und 17 – 20 Uhr, Sa, So 10 – 15 Uhr | **Tipp** An der Plaza Clavijo steht unübersehbar das 300 Jahre alte Ikarus-Haus des Friedensrichters von Teguise, direkt neben dem ehemaligen Leichenschauhaus.

90__Die ganz andere Bankia

Dezent versteckt

Für viele ist es die schönste, aber vor allem versteckteste Bankfiliale der Kanaren. Zumindest ist es die fotogenste und ungewöhnlichste Lage einer Bank auf dieser Insel. Gegenüber dem unübersehbaren, hohen Kirchturm von Teguise liegt diese wirklich sehr leicht übersehbare Bankfiliale. Man betritt eines der historischen Häuser – es sei hier nochmals erwähnt – direkt am großen Kirchplatz, weiß getüncht, mit dicken Mauern und winzigen Fensterschlitzen. Dann öffnen sich die Glastüren, und plötzlich befindet man sich innerhalb des uralten Gebäudes vor modernen Serviceschaltern und Automaten.

Wem der Name Bankia nicht geläufig ist, rennt natürlich am denkmalgeschützten Bau erst mal blind vorbei und sucht vergeblich einen Automaten. Der ganze Ort müsste eigentlich zum Pflichtbesuch für junge Städtebauer werden, um den Umgang mit und die Integration alter Bausubstanz einmal richtig zu erlernen. Mehr sollte man hier in einem Buch wie »111 Orte, die man gesehen haben muss« wirklich nicht über Banken schreiben – denn das interessiert keinen der Inselbesucher. Nur noch ein wichtiger Hinweis: Hier, in diesem alten Gebäude, musste man auch schon früher löhnen. Man gab freiwillig den »Zehnten« im dicken Depot ab, eine Art Steuerabgabe für die Kirche.

Wenn Sie hier schon mal in der alten Hauptstadt Lanzarotes sind, noch einige Fakten zur Erinnerung und zum Nachdenken über die noch relativ junge Insel: 1312 tauchte der italienische Namensgeber Lanzarotes, Lancelotto Malocello, zum ersten Mal auf. 1433 bis 1479 stritten sich Portugiesen und Spanier gewaltig um die Insel. 1730 wanderten viele von hier nach Südamerika aus; 1936 Staatsstreich – 1936 bis 1975 regiert Franco als Diktator (Bilanz: Bürgerkrieg, 1,5 Millionen Tote, Bau von 190 Konzentrationslagern). 1975 nur 10.000 Touristen, 1980 Beitritt zur Europäischen Gemeinschaft, 1993 UNESCO-Biosphärenreservat – 2020 drei Millionen Touristen.

Adresse 35530 Teguise, direkt am Kirchplatz | Anfahrt von Arrecife aus die LZ 1, dann die LZ 10 direkt ins Zentrum von Teguise zum Kirchplatz | Öffnungszeiten Mo–Fr 9–13 Uhr | Tipp Das Restaurant La Cantina: seriös, zentral gelegen und keine Abzocke.

91__Im Castillo de Santa Bárbara

Schönste Treppe ins Piraten-Museum

Nach Betancuria (gegründet 1404), das auf der Nachbarinsel Fuerteventura liegt, ist Teguise (gegründet 1414) die zweitälteste Stadt auf dem gesamten Kanaren-Archipel. Und wer einmal oben auf der Burg Santa Bárbara steht, erkennt direkt darunter auch deutlich die schachbrettartig angelegte ehemalige Inselhauptstadt. Im 15. Jahrhundert meldete dort ein mächtiger Wachturm den Inselbewohnern umgehend, wenn wieder einmal eine Gruppe von Strauchdieben anrückte.

Zuerst hatte man hier oben am Berggipfel einmal das Museum für Emigration untergebracht. Also Dokumentationen und Fotos der Auswanderergeschichten aller Insulaner – damals halt nur in die andere Richtung. Wer heute diese Dokumente vermisst, kann sich im Stadtarchiv von Teguise in der Calle Canarias 6 darüber informieren. Jetzt findet man hier im Castillo von Santa Bárbara in vielen Räumen eine große Sammlung zum Thema Piraterie sowie einige Schiffsmodelle, Seeräuber- und Schusswaffen-Displays. Also eigentlich so alles, was an die Piratenüberfälle und Plünderungen von damals erinnern soll.

Kaum vorstellbar, dass früher einmal hier oben bis zu 500 Personen Schutz vor Raubüberfällen fanden. Die Ärmeren mussten sich deshalb wie immer in Höhlen wie der Cueva de los Verdes verkriechen. 1586 wurde auch diese Burg erobert und zerstört. Man erfährt zudem einiges über die historische Hauptstadt, sollte aber noch aus einem anderen Grunde hier hochfahren: Die renovierte Burganlage ist wieder mal ein sehr gelungenes Beispiel, wie spanische Architekten heute mit ihrer historischen Bausubstanz umgehen. Die eingefasste Zugangstreppe aus Corten-Stahl inklusive einer Zugbrücke ist einfach grandios gelungen.

Leider schließt das Castillo pünktlich an der unteren Autoschranke, und man wandert zu Fuß nach oben.

Adresse Castillo de Santa Bárbara, Museo de la Piratería, 35530 Teguise, Montaña de Guanapay | Anfahrt die LZ 10 Richtung Haría, am Ortsausgang ist der Schlagbaum hoch zur Burg nur bis 15.30 geöffnet! | Öffnungszeiten Mo–Sa 9–16 Uhr, So 10–16 Uhr | Tipp Unternehmen Sie unbedingt einen kurzen Rundgang vor der Burg, den vorgelagerten Minikrater entlang, über einer ehemaligen Zisterne gelegen.

92_Der Sonntagsmarkt

Mercadillo – Probieren, handeln, feilschen

Jeden Sonntag Punkt neun Uhr verwandelt sich die Altstadt von Teguise zur größten Ansammlung von Kunsthandwerk und Bioprodukten, aber auch Kitsch sowie Chinaware und afrikanischen Wegwerf-Produkten. Wer all die vielen Varianten liebt, ist hier goldrichtig. Es herrscht bis zum Nachmittag Ausnahmezustand in der ehemaligen Hauptstadt.

Und um dem Ansturm aller Stammgäste, Neugierigen, Bustouristen ausreichend Parkplätze zu bieten, werden inzwischen auch kleinste Einfahrten und Vorgärten zu Parkzonen umfunktioniert – gebührenpflichtig. In den kleinen Gassen und Plätzen werden Sie erstaunt sein, welches Sprachengewirr und wie viele Nationalitäten Sie hier entdecken.

Gleich am Eingang unübersehbar werden die kunsthandwerklichen Stände und die Genussprodukte der Insel präsentiert. Denken Sie daran: Am Airport kostet es das Doppelte!

Handeln, probieren, feilschen, teilen, halbieren, zahlen und schnell verschwinden. Gewinner an diesen 54 Sonntagen im Jahr sind eigentlich alle Teilnehmer, wenn sie lange genug durchhalten oder suchen, bis sie fündig werden. Aber auch jeder Shop- und Standbesitzer, jeder Händler, jeder Bar-Betreiber, eigentlich alle Dienstleister bis zum Parkwächter, Bus- und Taxifahrer. Inzwischen ist es leider schwieriger geworden, traditionelle Handwerkskunst von Fake-Produkten zu unterscheiden. Gönnen Sie sich trotzdem einmal diesen Sonntags-Spaß hier, das muss man einfach mal mitgemacht haben.

Wer dennoch Platzangst bekommt, für den haben wir hier mal kurz die wichtigsten alternativen Märkte, Tage und Uhrzeiten auf der Insel aufgelistet. Costa Teguise: Pueblo Marinero, Dienstag 9 bis 14 Uhr, Mittwoch Abendmarkt 18 bis 22 Uhr; Playa Blanca / Puerto Rubicón: Mittwoch, Samstag 9 bis 14 Uhr; Suga bei Lanzarote a Caballo (Ein-Euro-Flohmarkt), Samstag 10 bis 13 Uhr.

Adresse Mercadillo de Teguise, 35530 Teguise, Plaza Miguel | Anfahrt von Yaiza aus die LZ 30, von Arrecife führt die LZ 10 vor die Tore von Teguise, dort gibt es sonntags jede Menge zusätzlicher Parkplätze vor der Stadt | Öffnungszeiten 10–14 Uhr | Tipp Für Genießer: Fahren Sie mit dem halbstündlichen Autobus hierher. Dann können Sie auch an jeder Weinprobe teilnehmen. Hin- und Rückfahrt zu jedem großen Touristenort (www.arrecifebus.com).

93 Das Timple-Museum

Der Tempel für Saiteninstrumente

Hier, in der ehemaligen Inselhauptstadt Teguise, sieht man auffallend viele Adelshäuser und edle Holzportale. Und in so einem herrschaftlichen alten Haus ist seit 2011 auch das Timple-Museum untergebracht. Was dem Schotten sein Dudelsack, ist einem Canario seine kleine Timple. Über die Herkunft dieser Gitarre wird aber immer noch wild spekuliert. Es könnte ebenso das Hawaii der Ukulele wie auch die südamerikanische Hochebene der Charango oder sogar vielleicht auch Ost- oder Westafrika sein – vielleicht ist das Zupfinstrument auch einfach nur ein Überbleibsel der spanischen Barockmusik oder der portugiesischen Cavaquinho.

Die Timple ist jedenfalls aus Holz zusammengebaut und hat wirklich die Form einer Birne. Seit dem 19. Jahrhundert findet auf den Inseln kein Musikfest ohne dieses traditionelle Saiteninstrument und den dazugehörigen Chor statt.

Hier in Teguise kann man Antworten finden und sich vielleicht auch in ein neues Instrument verlieben. Auch in die Jazzszene hat es die Timple bereits geschafft. Wenn Sie ein Konzertplakat oder einen Hinweis mit dem Namen Alexis Lemes sehen, dann besuchen Sie die Veranstaltung, ohne zu zögern. Aber zuerst sollten Sie sich hier vor Ort in Teguise dieses alte, traditionelle Instrument einmal genauer betrachten.

Man sagt, die nur etwa 40 Zentimeter große Timple sei die Seele jeder kanarischen Fiesta. Von der Kontrabass-Timple bis zur Mini-Timple gibt es 15 Arten. Im Unterschied zur hawaiianischen Ukulele liegt die Bass-Saite in der Mitte. Auf Teneriffa gibt's übrigens auch viersaitige Timple-Gitarren. Inzwischen hat sich ein Verband der Kanarischen Timples gegründet, der bis heute Großartiges geleistet und unter anderem alle alten Partituren gesammelt hat. Im Verbund mit den kanarischen Universitäten und Schulen wurde ein Timple-Netzwerk für das repräsentativste kanarische Instrument aufgebaut.

Adresse 35530 Teguise, Casa Museo del Timple, Plaza de la Constitución | Anfahrt von Arrecife aus die LZ 1 nehmen, in die LZ 10, nach Teguise ins Zentrum, zur Plaza San Miguel fahren | Öffnungszeiten Mo–Fr 9–16.30 Uhr und So 9–15.30 Uhr | Tipp Wenn Sie ganz wichtige historische Fragen zu Lanzarote haben, besuchen Sie in der Calle Carniceria das alte Stadtarchiv, Archivo Histórico.

94__Die einsamste Ecke

Das illegale Dorf – Start zur nassen Küstentour

Heute müssen auch ESA- und NASA-Experten hierher ausweichen – an den Rand des Nationalparks. Denn der Westen Lanzarotes bei Teneza ist die am wenigsten besuchte Region der Insel. Die ziemlich enge, dafür aber asphaltierte vier Kilometer lange Autopiste ab Tinajo führt quer durch eine fotogene Lava- und Basaltstein-Wüste. Schwarze Lavafelder pur, so weit das Auge reicht, einige davon schon Millionen Jahre alt, aber einige gerade erst gestern, also vor 290 Jahren entstanden. Weit und breit nichts außer diesem Vulkanmeer, weder Fincas noch Strommasten. Nichts, was das Auge stören könnte – bis auf den 368 Meter hohen Montaña Teneza.

Unsere Straße endet vor einer Ansammlung von etwa einem Dutzend nicht gerade einladender weißer Sommerhäuschen und Fischerhütten. Die Gemeinde wollte die illegale Siedlung längst abreißen. Sie wird aber nach wie vor gern von Familienclans gerade an Wochenenden aufgesucht. Auch der menschenleere Sandstrand Playa Teneza wartet rechts um die Ecke. Danach schroffe, steile Felswände. Außerhalb der langen spanischen Ferienzeit ist hier wirklich nichts los. In der Mitte des alten Dorfes – oder was davon übrig ist – gibt es ein Schauspiel der besonderen Art. Die Wellen knallen an einen glatten Felsen genau hinter der Boule-Bahn und schleudern regelmäßig eine gigantische Wasserwand nach oben. An dieser Stelle beginnt auch die einzige Küstenwanderung im Nationalpark, die in eigener Regie durchgeführt werden kann – ganz ohne Genehmigung. Planen Sie mindestens einen halben Tag für die fast zehn Kilometer ein. Und lassen Sie sich in El Golfo abholen. Eine Strecke muss reichen.

Dieser Tagesaufenthalt entspricht dann auch einer einwöchigen Salztherapie in den Berchtesgadener Thermen. Und wer nebenbei genug die Augen aufmacht, findet in der Umgebung vielleicht auch noch unentdeckte Petroglyphen in den Stein geritzt und dazwischen einen grünen Olivinstein.

Adresse Playa de Teneza (auch Tenesar oder Tenzar geschrieben), 35560 Tinajo | **Anfahrt** Teneza ist erst gar nicht registriert, aber immerhin gibt's eine ausgeschilderte Abfahrt ab Tinajo | **Tipp** Nehmen Sie an einer Boule-Runde vor der Brandung teil und geben Sie anschließend eine Runde »Alkoholfrei« aus.

95__Das Museo Agrícola El Patio

Kanarischer Kulturpreis-Gewinner

Diese Ecke Lanzarotes wird von Windmühlen und von dem kargen Vulkankegel Montaña de Clérigo Duarte geprägt. Aber sehenswert ist unbedingt das oft vergessene Bauernmuseum Agrícola El Patio. Der Kinderarzt Dr. Barreto engagierte sich in den 70er Jahren, um seinen Landwirtschaftsbetrieb in ein attraktives Museum zu formen. Nach seinem Tod wurde das Gelände öffentlich gemacht und auch laufend erweitert. Daraus ist ein ziemlich beeindruckender und konkurrenzloser Rundgang geworden. Vielleicht weil hier mal nicht alles so museal perfekt glänzt und aufgeräumt ist und deshalb umso authentischer ist. Man fühlt sich wie auf einer Zeitreise. Von der handbetriebenen Getreidemühle bis hin zur Kelterei und aufschlussreichen, vergilbten Fotodokumentation ist man einfach fasziniert. Das kleine Museum gewann 1994 zu Recht den kanarischen Kulturpreis.

Früher war diese Ecke ein fruchtbarer Inselort, nach der Vulkan-Katastrophe aber leider nur noch Kulisse ohne jede Lebensgrundlage. Fernab der großen Zentren und Strände liegt das Bauerndorf Tiagua. Man würde einfach vorbeifahren. Wäre da nicht diese einzigartige Erinnerung an den einst so harten Überlebenskampf auf Lanzarote – vor allem in der Landwirtschaft. Alle historischen und immer noch funktionstüchtigen Geräte können hier in Ruhe bestaunt werden. Das eine oder andere werden Sie vielleicht bereits woanders gesehen haben. Aber auf Lanzarote gleicht eigentlich kein Museum dem anderen. Urteilen Sie doch einfach selbst. Ideal ist diese Ecke auch für den Filmdreh eines historischen Abenteuerfilms oder Bürgerkriegs-Dramas der Franco-Ära. Es ist nur eine Frage der Zeit, bis auch der langsamste Location-Scout hierherkommt.

Zum Schluss gibt's noch einen Wein angeboten, den die Familie hier angebaut hat und den Sie nicht ausschlagen sollten. Dann wünschen wir Ihnen mal Salud – Prosit.

Adresse Museo Agrícola El Patio, 35558 Tiagua, Calle Echeyde 18, www.museoelpatio.com | **Anfahrt** LZ 20 nach Tiagua und dann LZ 401 weiter Richtung Soo | **Öffnungszeiten** Mo–Fr 10–17 Uhr, Sa 10–14 Uhr | **Tipp** El Tenique, kanarische Ziegenspezialitäten, liegt unübersehbar an der LZ 20 an der Abzweigung nach Soo.

96__Die Ferretería von Tías

Ein Handwerkerpalast

Was hat ein riesiges Baustoff-, Baumaterial-, ein übervolles Eisenwaren-Geschäft in einem Buch wie diesem zu suchen? Als ich zum ersten Mal hier mit einem befreundeten Segler unterwegs war, suchte ich nur kurz die neuesten Zwei-Komponenten-Kleber, fand dann aber diese Profi-Bekleidungsecke für Handwerker, die für Kameramänner und Fotografen, für Bergsteiger und Abenteurer genauso interessant war. Und blieb dann eine Stunde. Ich fand Fotowesten, Fotogürtel, stabile Wanderschuhe und Schutzgeräte aller Art, von diversen Handschuhen bis zu sicheren Kopfbedeckungen für extreme Mountainbike-Touren auf der Insel. Inzwischen kaufen hier nicht nur alle Heimwerker Lanzarotes kräftig ein, sondern auch Bildhauer, Schweißer, Maler, Filmcrews und Triathleten. Eigentlich sind diese Industrie-Einkaufsquartiere die idealen Shoppingcenter auf den Kanaren – jedenfalls vom Preis her.

Zur selben Zeit, als der Baumarkt-Boom bei uns so richtig anfing, entstanden diese Lagerhallen. Man fand plötzlich auch viele Produkte aus Großbritannien inklusive trendiger Arbeitskleidung. Passiert ist das alles anscheinend alles, als viele Engländer die Insel eroberten, kurz vor dem deutschen Auswanderer-Ansturm. Als die zahlreichen Ferien- und Zweitwohnungen entstanden, erweiterten sich auch die alten Warenläden und wurden zu technischen, internationalen Großmarkthallen.

Die andere Klientel sind die Segler auf der Insel. Und ebenso die Board-Designer von Surfbrettern, die noch immer ihre Werkstätten in den Surfzentren haben. Neu hinzu kommen jetzt auch die Elektro-Biker, Skater und natürlich alle Wanderprofis sowie Betreuer vieler Extremsportarten. Denn fast wöchentlich findet eine Großveranstaltung hier statt – und dazu braucht man eben vom Klebeband bis zu Absperrgittern, von Proviantkisten bis zu diversen Leitern einfach alles. Deswegen verändern sich diese Handwerker-Stores noch immer und expandieren sogar.

Adresse Ferretería Tías, 35572 Tías, Candelaria 7 | **Anfahrt** unbedingt ab den Salzsalinen bereits die LZ 701 entlangfahren, die parallel zur LZ 2 verläuft | **Tipp** Direkt daneben gibt's einen Chinapalast mit allem erdenklichen Ramsch, den man nicht braucht, und Dingen, die man zu Hause vergessen hat, aber sofort braucht.

97_Das Haus der Bücher

Die Bibliothek eines Nobelpreisträgers

Die ganze Insel ist zwar längst preisverdächtig, aber bis heute hat nur einer ihrer prominenten Bewohner den Literaturnobelpreis bekommen – immerhin. Der Schriftsteller José Saramago hatte sein Zuhause auf der Vulkaninsel erst 1993 gefunden. Damals war er 70 Jahre alt und durfte noch 17 Jahre lang das Klima und die Energie Lanzarotes erleben. Als 1992 die Regierung Portugals seinen Roman »Das Evangelium nach Jesus Christus« von der Vorschlagsliste zum Europäischen Literaturpreis strich, war er sehr enttäuscht. Seine Reaktion war dann auch prompt der Umzug mit seiner Frau hier hoch nach Tías.

Saramago wurde am 1922 im portugiesischen Dorf Azinagha geboren und wuchs in ärmlichen Verhältnissen auf. Die Familie konnte sich wegen Geldmangels seinen Besuch am Gymnasium nicht leisten. Er wurde Automechaniker und las Bücher, immer wieder in der Bibliothek von Lissabon. Danach arbeitete er in einem Verlag, wurde Übersetzer und Literaturkritiker. 1966 erschienen die ersten Gedichte, sein erster Roman »Handbuch der Malerei und Kalligraphie« zehn Jahre später. Sein Buch »Die Stadt der Blinden« machte auch als Film mit Julianne Moore Schlagzeilen. Auch sein Werk »Das Todesjahr des Ricardo Reis« ist beachtenswert.

1998 wurde er mit dem Nobelpreis für Literatur ausgezeichnet, und ganz Lanzarote freute sich, entstanden seine letzten Werke doch hier. Während Anfang der 90er die meisten Touristen zu Manriques Wirkungsstätten gekarrt wurden, verirren sich auch heute viel weniger Individualurlauber zum Kreisverkehr bei Tías. Hier baute Saramago 1998 direkt neben seiner zweistöckigen Finca seine Bibliothek. Er starb am 18. Juni 2010 und war sich damals sicher, dass sein Zitat »Der Menschheit ist nicht zu helfen« langsam Realität wird.

Ein bekanntes deutsches Magazin hat vor Kurzem einen kritischen Artikel übers Reisen gedruckt. Vielleicht im Sinne Saramagos.

Adresse Casa José Saramago, 35572 Tías, Calle Los Topes 2 | Anfahrt von Arrecife die LZ2 kommend nach Tías-Ortsmitte abbiegen und der Beschilderung Casa Saramago folgen | Tipp Nach so vielen Büchern gibt's nur eines, rein in die Tapas Bar La Ermita an der Avenida Central 63 oder gleich daneben ins Restaurant Iguaden.

98_Die Lebkuchen-Siedlung

Sehenswerter Kitsch bis zum Himmel

Lanzarote duldet bis heute kaum Konkurrenz zu seinem César – aber es gibt sie, zum Glück, immer häufiger. Wer hier auf der Schnellstraße Richtung Hauptstadt und Airport vorbeifährt, dem sticht diese absurde und doch kreative Häuseranlage sofort ins Auge. Es gibt wenig Information dazu, aber viel Interesse. Der »Architekt«, dem diese naiven Zuckerbäcker-Häusle eingefallen sind, heißt Antonio Padrón. Der Mann ist Künstler, war kurz Manrique-Schüler, wen wundert's, und hat auch auf der Nachbarinsel zwei ähnliche Bauten an markanten Stellen hinterlassen (in der Bucht von Cotillo und in Jandia). Was haben jetzt aber solche durchgeknallten Extrembauten oder Filmdekorationen in Büchern wie »111 Orte« überhaupt zu suchen?

Fürs Erste liefert diese seltsame Architektur seit Jahrzehnten Gesprächsstoff, zum anderen ist sie auch wieder eine »Mordsgaudi« für Architekturstudenten und Designer.

Vielleicht entsteht auch gerade mancherorts ein Revival oder Comeback von »Gemütlich-Schöner-Wohnen«?

Hauptgrund ist aber der falsche Eindruck, hier auf der Anhöhe sei tatsächlich ein Entwurf der berühmten Earthship-Bauten unter der Regie Michael Reynolds' verwirklicht worden ist. Dem ist aber leider wirklich nicht so. Der Name »Earthship« bedeutet kurz gefasst »Bauen mit recycelten Materialien, mit solarer Wärmeenergie und natürlich gekühlter Luftzirkulation«. In den 70er Jahren gab es zuerst in Kalifornien diese unabhängige Bewegung, die man als freies Bauen bezeichnen konnte. Man entwarf recht schräg und rund und benutzte damals schon aus Protest alle möglichen Zivilisationsabfälle, von der Glasflasche bis zu Autoreifen. Seit einigen Jahren feiert diese autarke Bau-Freiheit wieder ein Comeback unter dem vorher erwähnten Namen »Earthship«-Architektur und hält auch langsam Einzug in unsere langweiligen europäischen Wohnsiedlungen – vor allem in Schottland und Skandinavien.

Adresse Casa de la Ilusión, 35527 Tías | **Anfahrt** Schnellstraße LZ 2 von Tías Richtung Arrecife führt direkt an der Westseite der Anlage vorbei. Wer sie näher besichtigen will, muss von der Ferretería Tías her zum Eingang an der Ostseite vorrücken | **Tipp** Ganz in der Nähe gibt es in der Kirche Nuestra Señora de Candelaria eine Madonna aus dem 16. Jahrhundert zu besichtigen, direkt neben dem Kulturhaus aus dem 19. Jahrhundert, der Ermita San Antonio.

99 Die Talentschmiede

Bei zukünftigen Profis …

Der kleine Ort Tías besitzt schon lange gute Ballsportvereine und Ringkämpfer. Der Ruf des dortigen Basketballvereins Magec Tías aber reicht offenbar sogar schon bis zur amerikanischen Basketball-Profiliga.

Und wer seinem Nachwuchs während eines Lanzarote-Urlaubs einmal den feinsten Basketball auf dieser kleinen Kanareninsel zeigen will und Lust hat, bis zum Spielende einem doch sehr lauten Spiel beizuwohnen und anzufeuern – nix wie hin am Wochenende. Tolle Stimmung und immerhin kühler Schatten im Hallenstadion sind garantiert.

Wer hier aufläuft und laufend trifft, hat auch gute Chancen, eines Tages entdeckt zu werden. Zuerst holt sich die bekannte Canarias Basketball Academy auf Gran Canaria die talentiertesten Spieler und Spielerinnen von hier zu einem ersten Sichtungslehrgang. Den seltenen Jackpot gewinnt aber nur derjenige, der von den US-Scouts, die ebenfalls regelmäßig dort auftauchen, entdeckt wird und in die amerikanische Studentenliga verpflichtet wird, samt exklusivem und genauso wichtigem und teurem Hochschulstudium. So passierte es auch dem damals 17-jährigen Joshua Tomaiic, der seit 2017 in der US-Studentenliga bei den Terps von Maryland spielt und fünf Jahre lang auch in der spanischen Junioren-Nationalmannschaft vorlegte. Und seit Kurzem in der A-Mannschaft von Spanien dabei ist. Das hat vorher noch keiner geschafft.

Wer einmal den Sprung in die US-Studentenliga vollbracht hat, hat auch enorme Chancen, wiederum für die amerikanische NBA entdeckt zu werden. Vielleicht geht's auch zurück zur europäischen Spitze – zum Training in den kanarischen Erstligaclub von Gran Canaria, oder das Talent wird nach Barcelona oder Madrid berufen. Tías hat immer großen traditionellen und sportlichen Anteil am Erfolg des Basketball-Nachwuchses. Gerade machen sich auch die Basketballdamen auf und sorgen für Furore.

Adresse 35527 Tías, direkt im Zentrum, Basketballstadion und Basketballschule von Magec Tías | Anfahrt die Schnellstraße LZ 2 kurz vor Tías verlassen, Richtung Ortsmitte und Sportzentrum | Tipp Um die Ecke liegt die Brotfabrik des deutschen Bäckers »Andy Brot« (Fr, Sa 7–12 Uhr geöffnet, auch für Laufkundschaft).

100_Die Bustour durch die Hölle

Mars oder Mond – beides hautnah

Wir kennen Sightseeing-Touren, Städte- und Inselrundreisen – aber eine 40-minütige Öko-Bus-Tour quer über die Oberfläche von Mond oder Mars? Das ist in dieser Form vorerst auch nur hier im Nationalpark von Lanzarote möglich und gehört sicher zu den großen Trips für Geist und Seele. Das Auge wird durch keine Urlaubsbanalität gestört – sogar die Musik ist wohltemperiert ausgewählt, und die Stimme des Busfahrers hat auch irgendwann keinen Sauerstoff mehr. Durch die riesigen Panoramascheiben in diesem Spaceshuttle-Bus hat man ein ähnliches Erlebnis wie die ersten Astronauten Aldrin und Armstrong auf dem Mond – nur tagsüber bei Sonnenschein voller Farben anstatt Schwarz-Weiß.

Es tauchen Krater und Magmahöhlen in allen Variationen auf, erkaltete Lavaflüsse und bizarre Sand-Skulpturen. Dazwischen liegen rote und schwarze Asche- und Picónwüsten. Picón heißt das poröse und leichte Granulat, das beim letzten Ausbruch vor 300 Jahren als grober Ascheregen tagelang niederpeitschte. Die Tour führt durch die pyroklastischen Felder, quert die kleinen Mini-Vulkanhügel, die sogenannten Hornitos. Und wer bei dieser Rundfahrt genauer hinsieht, entdeckt auch neue Bewohner. Mehr wird jetzt auch nicht verraten. Der Shuttlefahrer hat großen Spaß, auf der einspurigen Strecke zwischendurch mal Gas zu geben und haarscharf am Abgrund vorbeizudüsen.

Eigentlich sollte es hier besser eine Art elektrische Achterbahn quer durch diese Mars-Landschaft geben, was auch bestimmt umweltfreundlicher wäre. Vielleicht ist sie ja schon in Planung. Zumindest fahren jetzt endlich leise Elektrobusse. Immerhin haben auch hier schon vor Jahrzehnten die NASA-Teams trainieren können – zumindest haben sie ihre merkwürdigen Maschinen getestet. Danach war Schluss mit dem spontanen Betreten des roten vulkanischen Sandhaufens, die UNESCO erklärte das Gelände zum Kulturerbe.

Adresse Timanfaya-Nationalpark, Eintrittsgebühr (inklusive der einstündigen Bustour) | Anfahrt von Norden führt die LZ 67 in den Park und von Süden die LZ 2 über Yaiza, dann der LZ 67 folgen | Öffnungszeiten täglich 9–17 Uhr; Bus-Rundtouren starten täglich 10–16 Uhr | Tipp Gönnen Sie sich eine kurze Verschnaufpause im sehenswerten runden Manrique Restaurant.

101 Die Villa El Inti

Nachhaltige Unterkunft auf dem Lande

Das kleine Hotel war einst eine alte kanarische Finca, die von Till und seiner Frau mit viel Liebe unter baubiologischen Gesichtspunkten restauriert und zur idealen Ferienunterkunft verwandelt wurde. Im weitläufigen Garten und auf den Terrassen können Sie entspannen und werden nicht von lautem Animationsgebrüll wach gerüttelt. Die umfangreiche Bibliothek der Villa werden Sie nicht schaffen. Aber vielleicht eine Verkostung im hauseigenen Weinkeller. Wenn Sie richtig aktiv werden wollen, beraten und organisieren die Besitzer vom Segeltörn bis zum Atelierbesuch diverser Künstler oder den Abschlagzeiten der beiden Golfanlagen einfach alles, was so als kleiner Hinweis in Ihren Reiseguides steht.

Das Ferienhaus liegt abseits der großen Touristenrouten, aber nur wenige Minuten vom Nationalpark Timanfaya, dem modernen Vulkan-Interpretationszentrum und dem berühmten Sport-Mekka La Santa entfernt. Bis heute wird die Villa ökologisch instand gehalten – unter anderem heißt dies, alle Hölzer zum Ausbessern werden auch weiterhin in Tübingen geschlagen und hierhertransportiert. Überall sieht man Natursteinböden, der Pool wird selbstverständlich mit Meerwasser gereinigt, die Fassaden und Innenräume mit Kalk, Silikatfarben und Leinöl ausgebessert.

Aber am besten, Sie befragen vor Ort mal den Chef. Sie werden sicher sehr erstaunt sein, wie umweltbewusst man ein Feriendomizil gestalten und auch erhalten kann. Eine Sensation im Grünen ist die Integration eines Swimmingpools inmitten der Ferienanlage. Hier hat man wirklich den Eindruck, sich mitten im Dschungel von Belize zu erfrischen und zu relaxen. Das Auge wird durch die Palmen und grünen Pflanzen, die allesamt hier hochgezogen wurden, einfach überwältigt.

Deswegen mein Rat, nehmen Sie sich Ihre Jane mit, wenn Sie einmal Tarzan spielen möchten. Das treueste Urlauberpaar hat sich hier bereits zum 19. Mal einquartiert. Ja, warum wohl?

Adresse Villa El Inti, 35560 Tinajo, Calle La Costa 6, elinti.lanzarote@gmail.com | Anfahrt von Arrecife aus die Schnellstraße LZ20 direkt nach Tinajo | Tipp Die Ringkampfarena von Tinajo hat 1.500 Plätze, gekämpft wird am Sonntag.

102 Der Heimweg der Dromedare

Die Kamelszene von Lanzarote

Wenige hundert Meter von dem riesigen Kamel-Denkmal am Kreisverkehr vor Uga entfernt liegen Zucht und Zuhause der Dromedare Lanzarotes. Für jeweils über 100 dieser Arbeitstiere fängt hier schon sehr früh morgens etwa um fünf Uhr der Tag an, lange bevor es hell wird. Danach beginnt der Zug zur zehn Kilometer entfernten Arbeitsstätte ins geschützte Vulkangebiet von Timanfaya. Dafür gab's extra vor 30 Jahren eine Sondergenehmigung. Um 13.30 Uhr ist aber wieder Feierabend, und der Rückweg beginnt.

365 Tage im Jahr kann man dieses Ritual bewundern. Selbst mir ist dies erst nach Jahrzehnten geglückt – vielleicht auch weil diese Tiere gut getarnt und in der dunkel- bis hellbraunen Umgebung kaum zu sehen sind. Nur wer gerade aus Yaiza unterhalb der Umgehungsbrücke fährt, muss etwas warten, bis dieser lange Zug aus Tausendundeiner Nacht langsam vorbeigetrottet ist. Seien Sie etwas großzügig mit den Launen der Lastentiere – sie hatten alle einen schweren Arbeitstag, da wird man schon mal »stinksauer« und entlüftet sich.

Der Arbeitsplatz ist sehenswert – vor allem das in die Vulkan-Trümmer eingebaute, sehr informative Museum mit kleinem Verkaufsladen. Hier unterstützen Sie die ganze Show, nachdem neuerdings auch der Staat kräftig die Hände bei dieser Attraktion aufhält und abkassiert. Schicken Sie Ihre Begleitung doch auf die Huckepack-Reise, nehmen ihr vorher das Mobile ab und studieren selbst die vielen Schautafeln im Inneren dieser kleinen Interpretationsräume. Außerhalb werden Sie nicht lange durchhalten – nur der Petersplatz von Rom hat angeblich mehr skurrile tägliche Besucher.

Wer noch nie eine Kameltour in der Gruppe gewagt hat und unbedingt mal Karl Mays »Durch die Wüste« nachspielen will: Hier ist dies möglich, bezahlbar und unvergesslich lustig. Aber denken Sie daran – ein paar Kilometer weiter sind Sie mit den Tieren fast allein.

Adresse Dromedar-Station und Museo de Rocas, Echadero de los Camellos | Anfahrt ab Yaiza die LZ 67, die direkt nach wenigen Kilometern zum Kamel-Zentrum im Nationalpark führt; dort ist auch Parken erlaubt | Öffnungszeiten täglich 9.30–13 Uhr | Tipp Warten Sie am Beginn der LZ 67 gleich nach der kleinen Unterführung aus Yaiza. Täglich um 14 Uhr kommen die Tiere hautnah vorbei.

103 Das Lachsdepot von Uga

Wo König und Kohl einst kauften

Wer hier einen Räucherlachs kauft und danach ein Stück vom Supermarkt und anschließend beide blind testet, wird, schon bevor das Ganze im Mund landet, die Augen verdrehen und erkennen, was Lachs-Genuss bedeutet und was ein Lebensmittel-Fake ist. Vielleicht ist das hier wirklich der beste Lachs der Welt, zumindest vielleicht Spaniens.

Über 40 Jahre schon gibt's diesen fast unauffälligen Lachs-Tempel. Wäre nicht der kleine Schriftzug mit Fischsignet an der Mauer, man würde hier am Rande von Uga glatt vorbeirauschen. In den 70er Jahren gründete ein deutsches Ehepaar den Laden. Ab 1990 stand dann Señora Ana Suárez hinter dem Verkaufstresen und führte mit Carlos Guerero die Regie. Der kleine Lachs-Shop inmitten eines begrünten Patios hat viele Kunden, Trends, Fiestas und Tourismus-Schwankungen der Insel überlebt. Sein Gästebuch liest sich wie das eines Drei-Sterne-Restaurants. Von König Carlos, vielen Stars und Filmleuten der hier gedrehten Filme bis zu Altkanzler Helmut Kohl und seinen Gipfel-Verbündeten aus den 90er Jahren. Wer nicht selbst vorbeikommen kann, lässt inzwischen das Kilo nach Hause liefern oder im Handgepäck gut verschweißt mitbringen.

Hinter das Räuchergeheimnis ist bis heute niemand gekommen. Die Pökelzeit, die Öfen und das Holz bleiben geheim. Man weiß eigentlich nur, dass täglich frisch geräuchert und aus Norwegen und Schottland angeliefert wird. Rechtzeitig vorbestellen müssen Sie auf jeden Fall um die Jahreswende und vor Feier- und Festtagen. Mindestabnahme ist das halbe Kilo – der derzeitige Preis bei etwa 36 Euro. Billiger wird's nicht mehr werden. Das Medienecho von TV und Zeitschriften ist immer noch unverändert groß – in vielen Ländern. Und liegt hinter dem Bekanntheitsgrad der Manrique-Bauten fast an zweiter Stelle.

Eine Filiale gibt's sogar auch in Puerto de la Cruz auf Teneriffa.

Adresse Ahumaderia de Uga, 35570 Uga, Ctra. Uga a Yaiza bei Kilometer 20, Tel. 928/830132, ahumaderiadeuga@gmail.com | Anfahrt direkt an der LZ 2 gelegen, die an Uga vorbei nach Yaiza führt | Öffnungszeiten Di–Fr 10–13.30 und 16–18.30 Uhr, Sa 10–14 Uhr | Tipp Restaurant Bodega Uga: Wer gesehen werden will und einen Auftritt samt SUV und Begleitung mal wieder richtig nötig hat.

104 Die Ringkampf-Arena

Der Ringkampf der Altkanarier

Den Namen Lucha Canaria haben Sie schon gehört. Dieser nicht olympischen Sportart sollte man zumindest einmal beigewohnt und mitgefiebert haben. Auch wenn es nur ein kurzer Besuch beim abendlichen Training wird. Die Möglichkeit dazu haben Sie regelmäßig ab 19.30 Uhr in einigen kleinen Dorf-Arenen oder Stadien, als »Terrenos de lucha« ausgeschildert, so wie hier in Uga, aber auch in Haría, Tinajo, Yaiza und Tahíche. »Terreno« heißt übrigens Kampfplatz. 5.000 Kämpfer sind seit der Gründung der Federación 1985 aktiv und in über 100 Vereinen organisiert. Seit 2009 ist Lucha Canaria anerkannte Sportart in Spanien und wird vor allem in Schulen gefördert.

Es gibt bei dieser Sportart nur Leistungsklassen – so kann ein 80-Kilo-Mann auf ein 140-Kilo-Monster treffen oder ein 1,80-Meter-»Zwerg« auf einen 2,10-Meter-Riesen. Endscheidend sind die Hände und ob der Kämpfer die wichtigsten der 50 Griffe blind beherrscht. Zum Glück treten jetzt auch Frauen auf, das nur nebenbei. Nur an Wochenenden ist Turniertag, meistens am Sonntagmittag. Suchen Sie sich Ihren Kampf über die Wettbewerbsliste der Federatión de Lucha Canaria. Sämtliche Lanzarote-Altmeister und viele Star-Ringer kommen hier aus Uga.

Zwölf Kämpfer zweier Teams treten jeweils in einem Kreis mit zwölf Meter Durchmesser gegeneinander an. Innerhalb von drei Minuten versucht der Luchador, seinen Gegner mit einem der über 50 Ringergriffe zu Boden zu werfen. Zweimal muss dies geschehen. Die Mannschaft, die am Schluss noch Kämpfer übrig hat, gewinnt. Technik und Schnelligkeit sind deshalb gefragt, nicht Masse und Gewicht, wie bereits erwähnt.

Unter der langen Homepage-Adresse können Sie alle Termine, Namen der Junior- und Senior-Kämpfer, Kampfstätten und Live-Videos ansehen und alles kontrollieren. Ringkämpfe sind fast auf allen Lanzarote-Fiestas wichtigster Bestandteil des Programms.

Adresse Club de Lucha Unión Canaria Sur Yaiza, Concejalia del Deporte, 35570 Yaiza | Anfahrt an der LZ2 zur Ortsmitte Uga abzweigen und nach dem renovierten Stadion mit neuesten Solarzellen am Dach Ausschau halten | Öffnungszeiten aktuelle Infos über alle Veranstaltungen bekommt man unter www.federaciondeluchacanariadelanzarote.com | Tipp Wer mal richtig kochen lernen will, meldet sich bei »Cook in Lanzarote« in der Calle Traspies 1 in Uga an. Der Chef hat im Paul Bocuse Institut gelernt (www.cookinlanzarote.com).

105_Benito Pérez Armas

Das alte Kulturzentrum

Mitten in Yaiza an der Durchgangsstraße liegt das alte Kulturhaus, das nach Benito Armas benannt wurde. Nach seinem Rechtsstudium arbeitete dieser als Schriftsteller und Politiker und starb im Jahr 1937. Alle paar Monate finden hier seit 1990 regelmäßig Kunstausstellungen statt, im Konzertsaal nebenan trifft man sich bei klassischen oder instrumentalen Musikaufführungen oder auch mal nur zu Buchlesungen – ganz im Sinne des Namensgebers.

Yaizas Kulturchef Daniel und sein überfreundliches Team handhaben die unterschiedlichen Events recht unkonventionell. Nicht nur ansässige Künstler haben gute Chancen hier, wenn Sie sich rechtzeitig in eine Eventliste eintragen, egal ob Newcomer, Amateur oder alter Hase. Nur gute Kunst muss es schon sein. Der Ort ist bei all den Vernissagen mehr Kommunikationstreff. Meistens stellt ein Duo aus oder eine Gruppe mit einem breiten kreativen Spektrum, entsprechend unterschiedlich ist das Publikum. Hier ist Kunst noch nicht so arrogant und elitär, sondern dient vor allem den Gesprächen und der Kommunikation und nicht der Präsentation des Outfits.

Die drei Säle bieten genug Raum für kontroverse Diskussionen, und der dazugehörige Patio ist einer der schönsten Innenhöfe der ganzen Region. Man ist unter sich. Und das Auge wird nicht von einem Feuerlöscher, einem nervenden Security-Mitarbeiter oder der Videoüberwachung gestört. Wer eingeladen wurde oder irgendwie davon Wind bekommen hat, stellt sich den anderen Gästen zum Diskurs. Bushalteplatz sowie Taxistand gibt's direkt vor dem Kulturhaus – aber Künstler trinken ja kaum, sagt man.

Der letzte große Vulkanausbruch hat diese inzwischen weiße Siedlung damals komplett verschont. Dieses Wunder, der fette Lavafluss, ist noch heute sehr schön zu sehen, direkt neben der Umgehungsstraße. Den kleinen Ort Yaiza wählte man zu Recht einst auch zum schönsten Dorf Spaniens.

Adresse Casa de la Cultura Benito Pérez Armas, 35570 Yaiza, Plaza Remedios 1 | **Anfahrt** die LZ 701 führt direkt in die Ortsmitte zum Kirchplatz, wo sich das große Anwesen von Benito Armas anschließt | **Öffnungszeiten** während der Ausstellungen täglich 9–14 Uhr | **Tipp** In der Bodega de Santiago, am Ortsausgang Richtung Montañas del Fuego, sitzen Sie unter einem Riesen-Gummibaum.

106_Die gelungenste Sanierung

Die alte Schule von Yaiza

Am nördlichen Ortsausgang von Yaiza, dort, wo man Richtung Vulkanfelder abzweigt, dämmerte jahrelang eine wertvolle Ruine vor sich hin. Bis im Jahr 1997 der Unternehmer Klaus Piesch sich einen Ruck gab und sich den nervenden behördlichen Strapazen, Sanierungs- und Bauproblemen stellte und diesen Trümmerhaufen an der wichtigsten Kreuzung im Süden Lanzarotes zur schönsten »Rast- und Einkehrstätte« verwandelte.

Das war 2001. Heute beherbergt die ehemalige Schule ein empfehlenswertes Café-Restaurant mit schattiger Patio-Kunstgalerie und einer hochwertigen Geschenkboutique. Das Auffälligste und Ungewöhnlichste aber ist Rosies und Marbels winzige Kleiderboutique. Hier findet man von dezenten Schwarz-Weiß-Stoffen bis zu Unikaten, hochwertigen Schal-Variationen auch Auffälliges im Farbenrausch. Wer also sein Vernissage-Kleid oder den Umhang für den Opernabend vergessen hat – hier kann er sich ungestört beraten lassen. Und hat garantiert den absoluten Hingucker des Abends erworben oder ist plötzlich selbst zum Kunstwerk geworden.

Rosie und Marbel bemühen sich regelmäßig, den feinsten Strick mit und ohne Kapuze in Marrakesch und Umgebung aufzustöbern und ihn hier fotogen in Szene zu setzen. Wer Knallbuntes und den Farbmix à la Südsee sucht, ist hier etwas fehl am Platz, ebenso wer es eilig hat. Aber Insider kennen diesen Shop seit Jahren. Die anderen kommen hier als neugierige Sightseeing-Touristen herein und gehen wieder als gut gekleidete Lanzarote-Gäste. Ganz Mutige verlassen das Geschäft als dreidimensionales Kunstwerk. Mit ihrer speziellen und gewöhnungsbedürftigen Kundenbetreuung – nur jeweils ein Kunde darf sich in dem kleinen Laden aufhalten – gehen sie einen ganz neuen Verkaufsweg. Und haben damit Erfolg. Der Kunde ist hier noch König – aber erst dann, wenn er einmal durch die gläserne Tür schreiten darf.

Adresse alte Schule, Centro de Artesanía, 35570 Yaiza | **Anfahrt** von Playa Blanca die Schnellstraße LZ 2 nehmen und kurz vor Yaiza in die Durchgangsstraße LZ 701 einbiegen, bis zur Abbiegung, an der die LZ 67 weiter in den Timanfaya-Nationalpark führt | **Öffnungszeiten** Mo–Sa 10–18 Uhr | **Tipp** La Era, Calle Barranco 3, einst das bekannteste Restaurant der Insel, da Manrique seine Finger auch hier im Spiel hatte und es renovierte. Aber das ist verdammt lange her. Ob Sie heute dort noch essen, entscheiden Sie mit Blick auf die Speisekarte allein. Die Tapas sind immer gut.

107_Die Genickschuss-Bar

Bar Stop – unverändert seit 1890

Gleich um die Ecke, direkt an der Durchgangsstraße von Yaiza gelegen, findet man die berühmte Bar Stop, wie sie heute heißt. Für Insider ist es nach wie vor die Genickschuss-Bar. Einer von vielen deutschen Kosenamen aus früheren Zeiten, und der beschreibt sie eigentlich ganz gut. Man fiel damals nach einer gewissen Zeit einfach vom Barhocker. Danach wurde das Taxi gleich gegenüber an der Kirche gerufen, und die Aufräumaktion war erledigt. In den 80ern wurde dann investiert und ein Schwarz-Weiß-Fernseher angeschafft, man wollte ja schließlich auch Fußball sehen und mitjubeln. Heute klebt dort der viel praktischere, flache Bildschirm und läuft wie der alte ununterbrochen, meistens ohne Ton. Es gibt keine Fenster, aber dafür zwei Türen. Inzwischen hat man sogar expandiert und auch außerhalb drei Holzablagen in die Wand geschlagen und vier Barhocker aufgestellt. Sonst hat sich seit einem Jahrhundert bis auf einen Zigarettenautomaten optisch wirklich kaum etwas verändert.

Preisverdächtig ist immer noch diese uralte, schräge Tresenwand, an der oft filmreife Charaktere stehen und heute kaum noch umfallen, dafür aber gute alte Geschichten erzählen können. Der Inhaber hat natürlich auch längst einen Zusatzbau daneben bezogen und zeitgemäßer dekoriert. Nur die Toiletten beider Lokale sind noch im Außenbereich.

Wer die alte Umfall-Bar, wie sie auch einmal genannt wurde, heute aufsucht, wird umgehend bedient. Alle Speisen sind bereits fertig und schmecken meistens frisch und gut – zumindest bis zum frühen Nachmittag. Danach kommt wieder pausenlos die Mikrowelle zum Einsatz. Wer etwas Zeit mitbringt, sollte schon indoor gehen. Im Außenbereich bei vorbeifahrenden Bussen wird es dann manchmal ziemlich eng, und man muss seine Füße einziehen und das Getränk festhalten. Die Bar Stop bleibt der absolute Klassiker auf Lanzarote.

Adresse Plaza Ntra. Sra. de los Remedios, 6, 35570 Yaiza, am Kirchplatz Los Remedios | Anfahrt die LZ 2 führt zum Kreisverkehr vor Yaiza, dort LZ 701 Richtung Kirchplatz fahren | Öffnungszeiten täglich 8 – 22 Uhr | Tipp Wenn es brechend voll ist, dann zuerst mal rein in die Kirche direkt gegenüber – aber wenn es geht, ohne Bier bitte.

108 Die Metallkunst in Yaiza

Skulpturen aus der Tiefe des Meeres

Marco von der Thüsen ist eigentlich an drei Orten zu Hause. An der rauen und zerklüfteten Westküste Lanzarotes, einem der letzten unbebauten Freiräume, in seinem Verkaufsatelier in Yaiza und sehr oft in seiner Metall- und Schweißerwerkstatt in Macher. Letztere ist für Besucher einfach tabu, da zu riskant – ich konnte mich davon selbst überzeugen, aber nur mit Spezial-Nagelschuhen, Helm und Handschuhen. Große Corten-Stahlplatten stehen im Raum, Eisenstäbe und Nägel ragen aus Wänden. Hier wird laufend gebohrt, genagelt, geschliffen, geschweißt und immer ohrenbetäubender Lärm produziert, mit Lichtbögen gespielt, sodass die Funken und Späne nur so fliegen.

Das Ergebnis sind überdimensionierte Meeresbewohner, oftmals wie aus einem Science-Fiction-Film – aber meistens so verdammt realistisch, dass man manchmal einen Schritt zurückweicht, wenn einen so ein Ungeheuer angrinst.

Präsentiert werden die Objekte auf Anfrage in der alten Schule in Yaiza, wo Marco einen Showroom beziehungsweise ein Atelier betreibt. Er wurde vor 35 Jahren als Surfer auf der Insel geboren und merkte als einer der ersten Wellenreiter, was den schönsten Buchten und Stränden durch Massentourismus so langsam droht, wenn niemand dagegensteuert und eindringlich warnt. Er ist längst mit den Elementen Wasser und Licht verbunden und kümmert sich regelmäßig mit Gleichgesinnten um Strandsäuberungen und kämpft bei Protestaktionen gegen die Plastik-Verschmutzung der Meere. Seine lebendigen Unterwasser-Models an der Küste besucht er fast jeden Tag und rät jedem neugierigen Küstenwanderer, genügend Wasser und feste Schuhe mitzunehmen, wenn er sich dorthin auf den Weg macht.

Mit seinem umfangreichen Spektrum der Unterwasser-Tierwelt will Marco auch diejenigen neugierig machen, die noch nie getaucht sind oder Küstenwanderungen unternommen haben.

Adresse Marco van der Thüsen, Atelier im Centro de Artesanía, 35560 Yaiza, Tel. 619/609326 | **Anfahrt** LZ 2 bis zum Kreisverkehr vor Yaiza fahren, dann weiter Richtung Ortskern auf der LZ 706, bis zur »Alten Schule« direkt an der Abzweigung der LZ 67 | **Öffnungszeiten** mit Anmeldung Mo–Sa 10–18 Uhr | **Tipp** Das sehenswerte und stillgelegte Hotel Finca de las Salinas, eine historische Villa des 19. Jahrhunderts, liegt unübersehbar am Orteingang – und wartet auf eine neue Nutzung.

109 Am Ende der Welt

Abstieg zur Playa de Risco und zurück

Hier oben sind Sie mehr als 500 Meter über der Brandung und sollten Ihren Weg auch immer im Blick haben. Plötzlich ist er da, der schwindelerregende Zickzackkurs zum paradiesischen Sandstrand, der tief darunter liegt. Und denken Sie bei jedem Ihrer vorsichtigen Schritte immer daran – diesen Weg müssen Sie zurückgehen, und das ist bei Weitem anstrengender. Hier oben in das Famara-Gebirge sollte man sich erst zwischen November und März wagen, dann ist es grün und weniger heiß. Über den Steig hat man früher Salzpakete mühsam hochgeschleppt. Aber wer hier doch einmal absteigt, wird bald danach mit einer der entlegensten und schönsten Badebuchten auf den Kanaren belohnt. Der Name des Ortes Yé bedeutet folgerichtig auch »am Ende der Welt«. Nehmen Sie also genug Trinkwasser mit, ein aufgeladenes Mobile, Teleskopstöcke, eine Windjacke und vor allem einen zuverlässigen Partner.

Wer schon früher Lanzarotes Norden besuchte, sah von der Bergkante des Mirador del Río darunterliegend diese auffälligen roten Salinenflächen glänzen. Hier sorgte einst das Meerwasser bei Flut für einen regelmäßigen Austausch der Mineralien. Man nimmt an, dass bereits seit dem 16. Jahrhundert die Salzgewinnung hier funktionierte. Somit wären es auch die ältesten spanischen Salinen – bestimmt die am schwersten zugänglichen.

Die UNESCO hat sie zum »Bien interesse de cultura« geadelt und die Möglichkeit gegeben, hier ganz im Sinne eines Manrique eine weitere nachhaltige Sehenswürdigkeit zu schaffen. Eine Seilbahn könnte für einen alternativen Zugang sorgen sowie ein Boots-Shuttle-Dienst von Graciosa aus für nicht schwindelfreie Besucher. Immerhin gibt es in der Nähe seit Jahren auch einen internationalen Langstrecken-Schwimmwettbewerb: fast 2.600 Meter und je nach Wellengang etwa knapp eine Stunde. Die inzwischen 1.000 Schwimmer werden von vielen Beibooten begleitet und kontrolliert. Bitte nicht allein nachmachen!

Adresse Playa de Bajo el Risco, 35541 Yé, Parkplatz de Rositas. Wichtiger Hinweis: Für den Rückweg zwei Stunden einplanen und immer an den Sonnenuntergang denken! | Anfahrt noch vor Yé die LZ 201 Richtung Mirador del Río hochfahren, nur wenige Meter zum Parkplatz von Las Rositas | Tipp Wer den steilen Hang nicht absteigen will, wählt die bequeme Fährlinie Líneas Romero, die ab 8 Uhr fast stündlich von Órzola nach Graciosa (Fahrdauer 15 Minuten) fährt. Dort chartern Sie sich dann ein Boot zur 1.500 Meter entfernten Playa del Risco.

110 Die Torrecilla-Burg

Wo Pedro Almodóvar drehte

Auf den Kanaren wurden bis heute mehr als 100 Kinofilme gedreht. Es fing einst 1956 auf Teneriffa an, mit Gregory Peck als Käpt'n Ahab in »Moby Dick«. Dazu kamen später Blockbuster aus Hollywood wie »Star Wars« (2016), »Wonder Woman« (2017) und zuletzt »Rambo: Last Blood« (2019) sowie eine weitere Fortsetzung der Marvel-Filme (»Eternals« 2019). Hier auf Lanzarote entstanden aber auch anspruchsvolle Filme wie Pedro Almodóvars »Abrazos Rotos – Zerrissene Umarmungen« mit Penélope Cruz. Und den aufregendsten Drehort dazu fand man hier im Norden in der Nähe eines Vulkanes, am Osthang und inmitten eines Weingebietes.

Weithin sichtbar thront die Burg von Torrecilla. Es dürfte die einzige Festung auf den gesamten Kanaren in Privatbesitz seit 1973 sein. Anfang der 80er Jahre hatte ich die Ehre, einmal dort zu residieren, und lernte auch den deutschen Besitzer kennen. Er wollte damals schon das gesamte Anwesen verkaufen und suchte Vermögende mit dem nötigen Kleingeld – am besten Stars. Mir fiel damals spontan nur ein englischer Rockmusiker ein, von dem ich wusste, dass er irgendeinen extremen Wohnsitz suchte. Er fand dann auch in der Karibik seinen Inseltraum. Aber diese Festung hier ist immer noch vereinsamt. Der monströse Bau beherbergt riesige Hallen und einen Turm mit spektakulärer Weitsicht. Nur Insider werden sich an rauschende Feste in den Burgruinen erinnern. Manrique war da und brachte meistens einen Promi mit. Auch Pink Floyd soll mal mitgefeiert haben, erzählt man.

Heute kann man die Burg nur aus der Distanz bewundern oder mit einem Hängegleiter darüberfliegen. Noch immer landet hier kein Privat-Heli, noch immer steht kein Bentley davor, und noch immer warten die Gemäuer auf eine Nutzung. Eines der schönsten Anwesen der Kanaren schlummert seit vielen Jahren still vor sich hin. Aber vielleicht ist es gut so, wenn kein spanisches Neuschwanstein hier lockt.

Adresse Torrecilla de Domingo, 35541 Haría | **Anfahrt** von Arrieta Richtung Yé fährt man die Serpentinen der LZ 201 Richtung Mirador hoch, quer durch ein Weinanbaugebiet und immer im Schatten des 600 Meter hohen Monte Corona | **Tipp** Wenige Meter neben dieser Burganlage liegt der Eingang zu einem kleinen, feinen Weingut.

111 Die Archäologie neben dem Mülldepot

Eine Zeitreise von 3000 vor Christus bis heute

Vielleicht ist dies einer der markantesten und seltsamsten Punkte der gesamten Kanarengeschichte. Aktuelle, riesige Mülldeponie trifft auf jahrtausendealten archäologischen Fundort, inklusive einer futuristischen Architektur-Ruine der Neuzeit gleich gegenüber. In ferner Zukunft werden Roboter hier einmal wegen einem Zeitsprung von etwa 5.000 Jahren bei Grabungen sicherlich sofort durchdrehen oder explodieren, wenn sie Tausende alte Computerteile neben einem versteinerten Guanchen-Grabmal entdecken.

Aber jetzt erst mal der Reihe nach zum Verständnis: Quesera de Zonzamas nennt man die von den Altkanariern bearbeiteten großen Felsblöcke. Man sieht tief gehauene, bis vier Meter lange Felsrillen und fragt sich sofort, wozu der ganze Aufwand. Naheliegend ist die Theorie, dass hier Käse produziert oder auch das sehr üppige, aber giftige, klebrige Wolfsmilch-Gewächs ausgepresst wurde. Genauso gut kann hier einst aber auch ein Kultplatz gewesen sein. Dafür spricht die imposante Lage mit Blick Richtung Meer. Zu Quesera de Zonzamas gehören auch die kreisrunden Steinhaufen und Grabungsstätten. Nicht schwer zu erkennen ist direkt daneben aber der teilweise angefangene und unvollendete Architekturrohbau. Einer der wenigen neuen und leider stillgelegten Meisterbauten auf der Insel. Es sollte ein sehr modernes prähistorisches Museum werden mit farbigen Glasfenstern. Einige Besucher wird es auch an einen möglichen Discobau oder Eventschuppen erinnern. Fest steht, dass man wieder einmal nicht genügend Geld auszugeben bereit war oder einfach kein Interesse für Kultur vorhanden war.

Gehen Sie zu Fuß Richtung Osten die Landstraße abwärts, überqueren Sie die Straße, dann finden Sie am Ende des Weges nochmals zusätzliche seltsame Felsblöcke am oberen Hang.

Adresse Quesera de Zonzamas, 35500, LZ 34 | Anfahrt westlich von Tahíche nach Richtung San Bartolomé liegt direkt gegenüber dem Montana de Zonzamas beziehungsweise gegenüber der Mülldeponie-Einfahrt die neue Ausgrabungsstätte | Tipp Wandern Sie außerhalb der Drahtzäune der Deponie rauf auf den Berg mit sortiertem Müll, der oftmals bis zur vulkanischen Bergkante akribisch ausgelegt ist – einzigartig und pervers zugleich.

1
La Isleta
La Santa
Tinajo
Mancha Blanca
Parc Nacional
de Timanfaya
Masdac
Vega de Tegoyo
La Geria
La Asomada
Tías
Yaiza
Uga
Mácher
La Hoya
Las Breñas
Femés
Maciot
Monumento
Natural
Los Ajaches
Playa Blanca
N
0
2 km
45
94
101
60
58
59
50
100
102
24
25
41
42
19
43
40
105
106
104
18
98
47
107
108
103
48
78
99
26
46
52
51
29
76
79
72
30
75
68
66
67
65
70
73
71
69
39

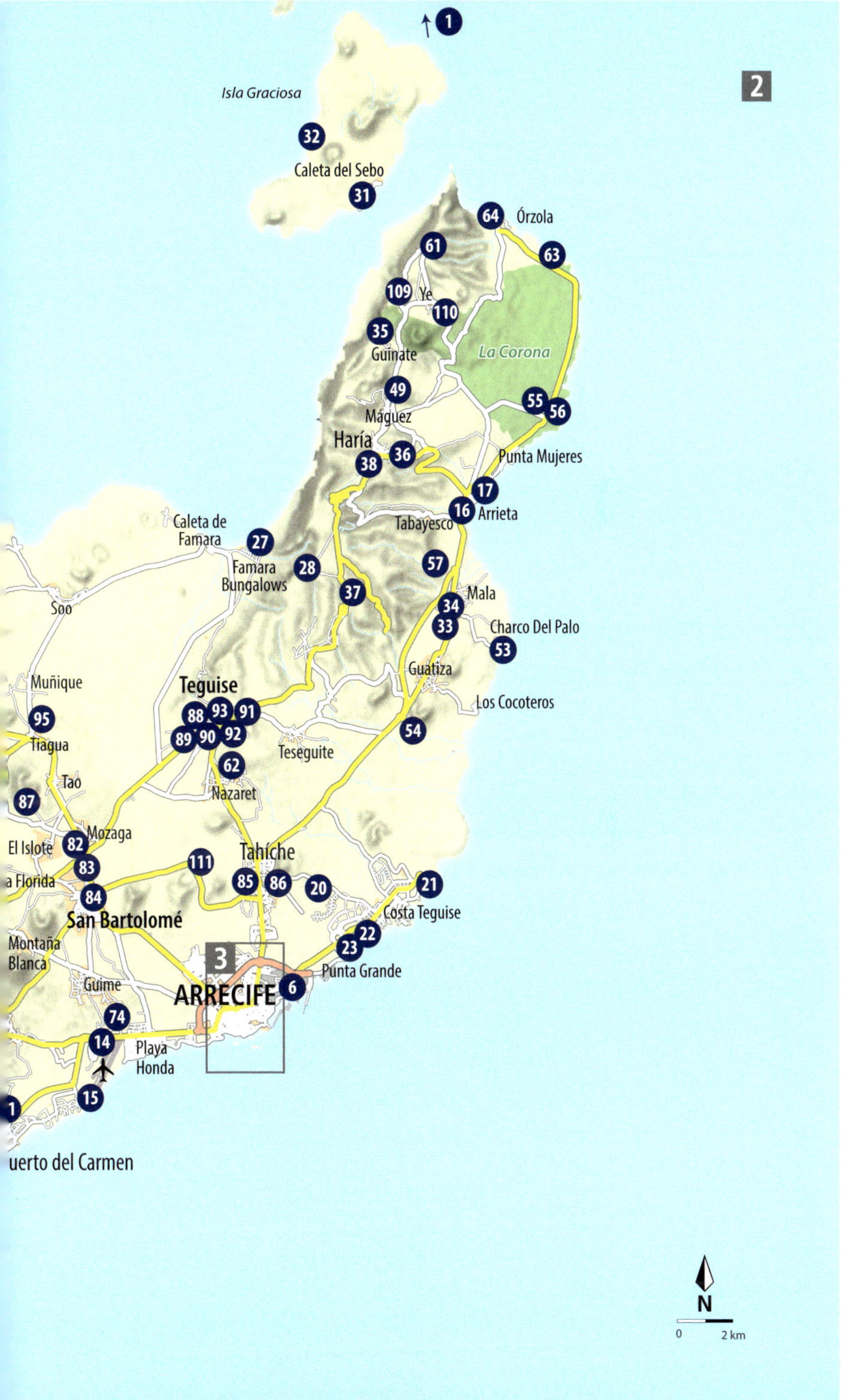

2
1
Isla Graciosa
32
Caleta del Sebo
31
64
Órzola
61
63
109
Ye
110
35
Guinate
La Corona
49
55
56
Máguez
Haría
36
38
Punta Mujeres
17
16
Arrieta
Tabayesco
Caleta de Famara
27
Famara Bungalows
28
57
37
Mala
34
Soo
33
Charco Del Palo
53
Guatiza
Los Cocoteros
Muñique
Teguise
88
93
91
95
89
90
92
54
Tiagua
Teseguite
62
Tao
Nazaret
87
Mozaga
El Islote
82
Tahíche
111
83
a Florida
85
86
20
21
84
Costa Teguise
San Bartolomé
22
Montaña Blanca
23
3
Punta Grande
Guime
ARRECIFE
6
74
14
Playa Honda
15
1
uerto del Carmen
N
0
2 km

3
MANEJE
PARQUE MANEJE
ALTAVISTA
TENORIO
Calle León y Castillo
TITERROY
Calle Tinache
LOS ALONSOS
Carretera de los Mármoles
Calle Doctor Juan Negrín
Rambla Medular
VALTERRA
Calle Doctor Gómez Ulla
Calle Doctor Juan Negrín
Calle Blas Cabrera Topham
Calle Mexico
LA VEGA
Calle Triana
Avenida de Naos
Calle Portugal
Calle Fajardo
Charco de San Ginés
LAS SALINAS
Calle Manolo Millares
CENTRO
Avenida Fred Olsen
Calle Canalejas
N
0
200 m

Carl Lang
111 Orte auf Fuerteventura, die man gesehen haben muss
ISBN 978-3-7408-0132-8

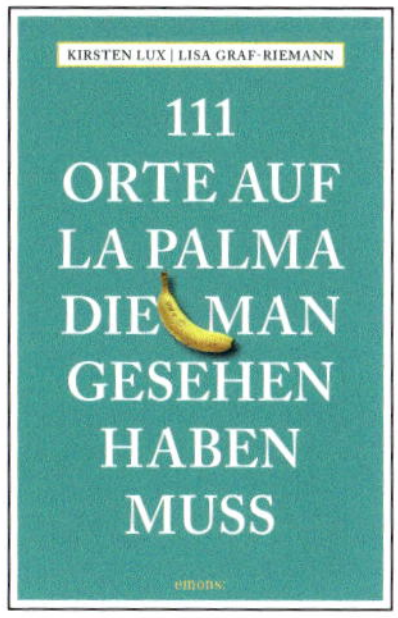

Kirsten Lux, Lisa Graf-Riemann
111 Orte auf La Palma, die man gesehen haben muss
ISBN 978-3-7408-0345-2

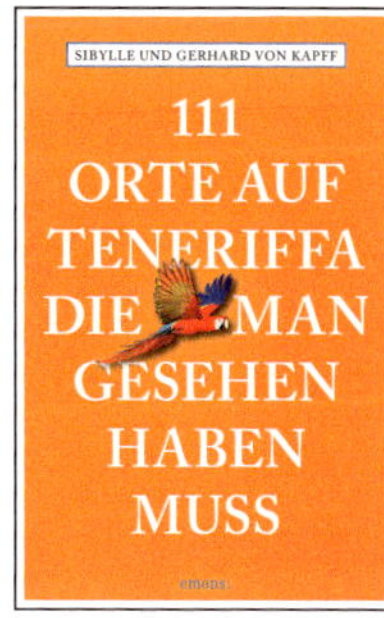

Sibylle von Kapff,
Gerhard von Kapff
111 Orte auf Teneriffa, die man gesehen haben muss
ISBN 978-3-95451-916-3

Dorothee Fleischmann,
Carolina Kalvelage
111 Orte an der Costa Brava, die man gesehen haben muss
ISBN 978-3-95451-561-5

Rüdiger Liedtke
111 Orte auf Mallorca, die man gesehen haben muss
ISBN 978-3-89705-975-7

Robert Zsolnay
111 Orte auf Ibiza und Formentera, die man gesehen haben muss
ISBN 978-3-95451-831-9

Rolando Suárez
111 Orte auf El Hierro, die man gesehen haben muss
ISBN 978-3-7408-0846-4

Rolando Suárez
111 Orte auf Gran Canaria, die man gesehen haben muss
ISBN 978-3-7408-0436-7

Dirk Engelhardt
111 Orte in Barcelona, die man gesehen haben muss
ISBN 978-3-95451-066-5

Fabrizio Ardito
111 Orte auf Malta, die man gesehen haben muss
ISBN 978-3-7408-0356-8

Kathleen Becker
111 Orte in Lissabon, die man gesehen haben muss
ISBN 978-3-7408-0244-8

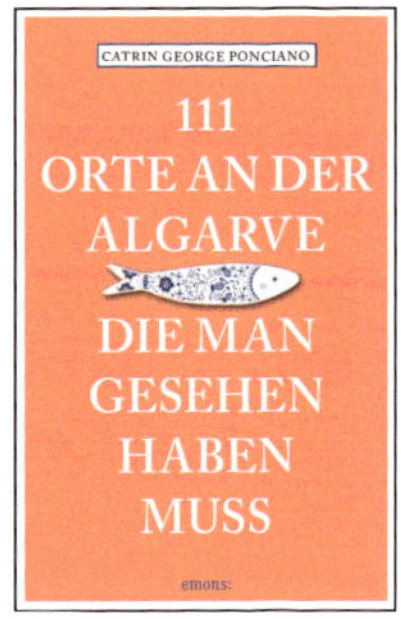

Catrin George Ponciano
111 Orte an der Algarve, die man gesehen haben muss
ISBN 978-3-7408-0362-9

Max Fleschhut
111 Orte auf Elba, die man gesehen haben muss
ISBN 978-3-7408-0587-6

Franz Hlavac, Gisela Hopfmüller
111 Orte in Friaul und Julisch Venetien, die man gesehen haben muss
ISBN 978-3-7408-0575-3

Natalino Russo
111 Orte in Neapel, die man gesehen haben muss
ISBN 978-3-7408-0478-7

Fabrizio Ardito
111 Orte in Umbrien, die man gesehen haben muss
ISBN 978-3-7408-0238-7

Beate Giacovelli,
Gaetano Adragna
111 Orte am Comer See, die man gesehen haben muss
ISBN 978-3-95451-833-3

Giulia Castelli Gattinara,
Mario Verin
111 Orte in Mailand, die man gesehen haben muss
ISBN 978-3-95451-617-9

Beate C. Kirchner
111 Orte in Florenz und im Norden der Toskana, die man gesehen haben muss
ISBN 978-3-95451-513-4

Petra Sophia Zimmermann
111 Orte am Gardasee und in Verona, die man gesehen haben muss
ISBN 978-3-95451-344-4

Annett Klingner
111 Orte in Rom, die man gesehen haben muss
ISBN 978-3-95451-219-5

Thomas Tribus
111 Orte in Meran, die man gesehen haben muss
ISBN 978-3-7408-0443-5

Marcus X. Schmid, Monika Steineberg
111 Orte in der Bretagne, die man gesehen haben muss
ISBN 978-3-7408-0572-2

Evelyn Pschak von Rebay
111 Orte in den (französischen) Pyrenäen, die man gesehen haben muss
ISBN 978-3-7408-0562-3

Georg Renöckl
111 Orte in Nordfrankreich, die man gesehen haben muss
ISBN 978-3-7408-0559-3

Sybil Canac, Renée Grimaud, Katia Thomas
111 Orte in Paris, die man gesehen haben muss
ISBN 978-3-95451-847-0

Ralf Nestmeyer
111 Orte in der Normandie, die man gesehen haben muss
ISBN 978-3-95451-839-5

Barbara Krull
111 Orte im Elsass, die man gesehen haben muss
ISBN 978-3-95451-596-7

Ralf Nestmeyer
111 Orte an der Côte d'Azur, die man gesehen haben muss
ISBN 978-3-95451-563-9

Ralf Nestmeyer
111 Orte in der Provence, die man gesehen haben muss
ISBN 978-3-95451-094-8

Annett Klingner
111 Orte in Dubai, die man gesehen haben muss
ISBN 978-3-7408-0647-7

Alexia Amvrazi,
Diana Farr Louis, Diane Shugart,
Yannis Varouhakis
111 Orte in Athen, die man gesehen haben muss
ISBN 978-3-7408-0560-9

Ranka Keser
111 Orte in Kroatien, die man gesehen haben muss
ISBN 978-3-7408-0557-9

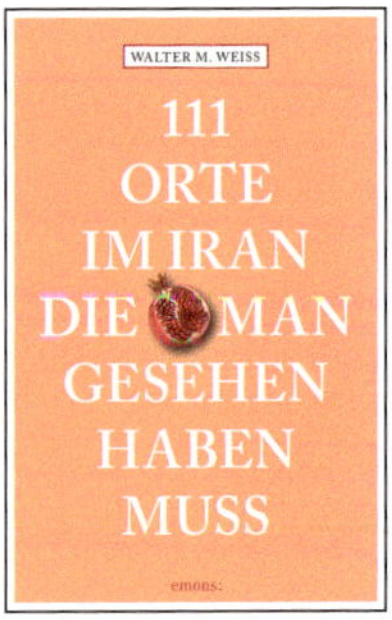

Walter M. Weiss
111 Orte im Iran, die man gesehen haben muss
ISBN 978-3-7408-0402-2

Laszlo Trankovits
111 Orte in Jerusalem, die man gesehen haben muss
ISBN 978-3-7408-0390-2

Christoph Hein, Sabine Hein
111 Orte in Singapur, die man gesehen haben muss
ISBN 978-3-7408-0337-7

Stefanie Thiedig, Xie Kaijin
111 Orte in Peking, die man gesehen haben muss
ISBN 978-3-7408-0250-9

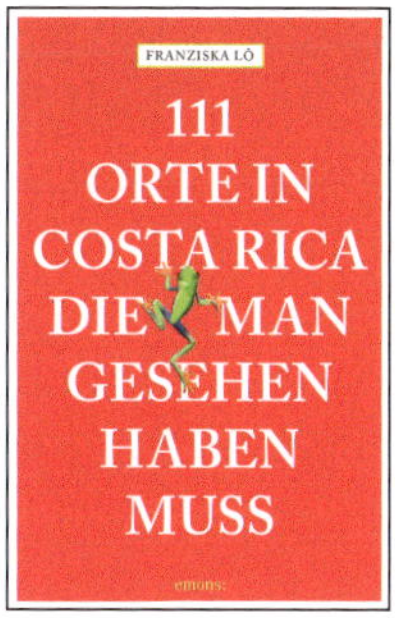

Franziska Lô
111 Orte in Costa Rica, die man gesehen haben muss
ISBN 978-3-7408-0245-5

Kathrin Bielfeldt,
Raymond Wong, Jürgen Bürger
111 Orte in Hongkong, die man gesehen haben muss
ISBN 978-3-95451-914-9

Beate C. Kirchner,
Jorge Vasconcellos
111 Orte in Rio de Janeiro, die man gesehen haben muss
ISBN 978-3-95451-843-2

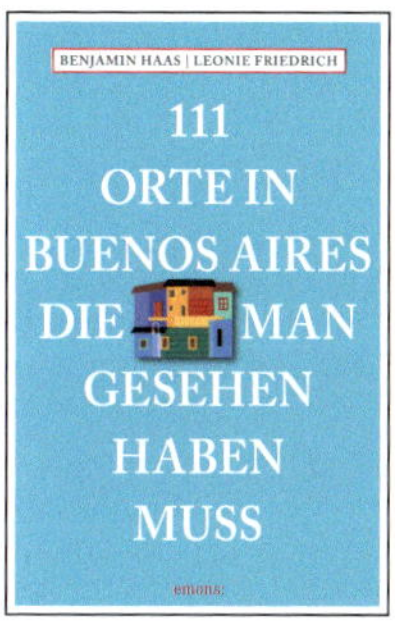

Benjamin Haas, Leonie Friedrich
111 Orte in Buenos Aires, die man gesehen haben muss
ISBN 978-3-95451-835-7

Christine Izeki, Björn Neumann
111 Orte in Tokio, die man gesehen haben muss
ISBN 978-3-7408-0117-5

Dank

Ich möchte mich bei Sabine Kiesewein, Klaus Kinold und Dr. Harald Pechlaner bedanken.

Carl Lang, 1949 in Eichstätt geboren, kam während seines Kunst- und Designstudiums zum ersten Mal 1972 nach Lanzarote. Schon seit 1982 hat er einen zweiten Wohnsitz auf den Kanaren und bereiste seitdem als Fotojournalist für Extremsport und Architekturfotograf die halbe Welt. Seit 2010 konzentriert er sich nur noch auf diese acht Inseln im Atlantik – als Autor und für diverse Medien.